La prière efficace

La série *L'Epée de l'Esprit*:
1.   La prière efficace
2.   Connaître le Saint-Esprit
3.   Le règne de Dieu
4.   Une foi vivante
5.   La gloire dans l'Église
6.   Le ministère de l'Esprit
7.   Connaître le Père
8.   Atteindre les perdus
9.   Ecouter Dieu
10.   Connaître le Fils
11.   Le salut par la grâce
12.   Adorer en Esprit et en vérité

www.swordofthespirit.co.uk

Copyright 2007, 1997, auteur Colin Dye.
Deuxième édition en anglais
Copyright 2019, 2016, 2009, 1997, auteur Colin Dye
Première édition en français

Kensington Temple
KT Summit House
100 Hanger Lane
London, W5 1EZ

Tous droits réservés. Aucune partie de cette publication ne peut être reproduite, enregistrée ni transmise sous quelque forme que ce soit, par un moyen électronique, mécanique, photocopie, ou autre, sans la permission écrite de l'auteur.

Les citations bibliques, sauf mention spéciale sont tirées de la version Segond Révisée 1975.

L'Epée de l'Esprit

La prière efficace

Colin Dye

Sommaire

Introduction		7
1	La prière dans l'Ancien Testament	11
2	La prière dans le Nouveau Testament	29
3	L'Esprit et la prière	47
4	L'intercession	59
5	L'action de grâce	77
6	Les prières de Paul	91
7	Le combat spirituel	101
8	Jeûner	119
9	Les langues	129
10	Vers une prière efficace	143

Introduction

Presque tous les êtres humains prient Dieu lorsqu'ils font face à un immense besoin. Qu'ils soient chrétiens, agnostiques, athées, qu'il s'agisse d'hommes, de femmes ou d'enfants, ils demanderont l'aide de Dieu s'ils sont dans de sérieuses difficultés.

Pour beaucoup de gens, la prière est le dernier recours. Ils prient seulement quand ils sont désespérés. Ils ne sont pas sûrs de savoir à qui ils s'adressent. Ils ne savent pas vraiment à quel exaucement ils peuvent s'attendre. Si leur besoin persiste c'est la « preuve » qu'il n'y a pas de Dieu. Si leur besoin est comblé, Dieu est oublié jusqu'à la prochaine urgence.

Pour les chrétiens, cela devrait être exactement l'opposé. La prière devrait être aussi naturelle et instinctive que la respiration. Toutefois elle ne devrait pas se restreindre au fait de demander à Dieu de répondre à des besoins, elle devrait aussi être l'expression d'une relation intime avec Dieu.

Ce livre sur la prière poursuit trois buts principaux. Premièrement de vous aider à découvrir et comprendre l'enseignement de la Bible sur la prière. Deuxièmement de vous faire entrer dans une vie de prière enthousiaste. Enfin, de vous encourager et vous équiper de manière à transmettre à d'autres votre compréhension du sujet et votre enthousiasme pour la prière.

Je suis sûr que vous n'avez pas besoin d'être exhorté à prier plus! Tous les chrétiens ressentent cette nécessité, partout et quelle que soit leur maturité spirituelle. Je connais quelques personnes qui ont aidé un grand nombre de croyants à prier avec plus d'efficacité. Mais aucun de ces hommes ou femmes

La prière efficace

de Dieu n'étaient entièrement satisfaits de la qualité de leur propre vie de prière.

Même si nous savons que nous devrions prier plus, nous ne sommes peut-être pas tout à fait sûrs de savoir pourquoi nous devrions prier plus, comment nous devrions prier ou ce que nous devrions prier. C'est pourquoi ce livre a été conçu pour vous aider à apprendre ce que la Bible enseigne sur la prière et à prier en suivant des principes bibliques.

Au moment des événements rapportés dans Luc 11, les disciples avaient vécu avec Jésus assez longtemps. Ils l'avaient vu à l'œuvre. Ils avaient eux-mêmes prêché, guéri les malades et vu les démons leur être soumis. Depuis leur enfance, ils avaient prié dans les synagogues juives et dans le Temple. Ils avaient même été avec Jésus quand il priait. Pourtant ils ressentaient encore le besoin de demander : « enseigne-nous à prier. »

Leur passion pour Jésus et l'exemple de ses prières inspiraient aux disciples le désir d'apprendre à prier. Ils réalisaient qu'en dépit de leurs années passées avec Jésus et de leur expérience dans le ministère, ils n'étaient que des débutants dans la prière qui avaient besoin d'apprendre auprès du Maître, de Jésus.

La plupart d'entre nous avons appris à prier en entendant les autres prier. C'est pourquoi les chrétiens de la même tradition ou dénomination prient souvent d'une manière similaire. Mais si nous voulons que notre vie chrétienne individuelle et communautaire acquière de la maturité et devienne conforme à Jésus, nous devons fonder notre vie dans tous ses aspects sur la Parole de Dieu plutôt que sur l'expérience humaine.

Dans 2 Timothée 3:16–17, Paul nous rappelle que « toute Ecriture est inspirée de Dieu et utile pour enseigner, pour convaincre, pour corriger, pour instruire dans la justice, afin que l'homme de Dieu soit accompli et propre à toute bonne œuvre ».

Ce livre est essentiellement destiné aux croyants qui sont prêts à mettre de côté leurs propres idées sur la prière et à étudier la Parole de Dieu pour découvrir les principes

Introduction

bibliques de Dieu. Pour bénéficier de ce livre au maximum, veillez à lire chaque référence biblique citée. Avant de passer à une nouvelle section, veuillez repenser attentivement aux implications de ce que vous avez étudié, pour vous-mêmes et pour ceux qui vous entourent. Permettez à Dieu de vous parler alors que vous étudiez sa Parole.

Il y a un matériel supplémentaire qui est mis à votre disposition pour faciliter votre apprentissage. Le fascicule «Révision des Connaissances», ainsi que des séries de questions sous forme de quiz ou d'examen vous permettront de tester, mémoriser et d'appliquer vos connaissances.

Vous pourrez aussi utiliser l'additif « Révision des Connaissances » avec un petit groupe. Libre à vous de sélectionner dans la prière le contenu des suppléments du cours qui vous paraît le plus adapté à votre groupe. Cela signifie que selon les réunions vous pourrez utiliser tout ou partie du matériel disponible. Vous êtes encouragés à utiliser votre bon sens et votre discernement spirituel. Sentez-vous libres de photocopier ces pages et les distribuer aux groupes que vous pourriez diriger.

Etablir un style de vie de prière scripturaire est un élément de base du développement de notre relation avec Dieu. Alors que vous étudiez ce livre, ma prière est que vous expérimentiez une nouvelle qualité de vie de prière dont les conséquences soient profondes en vous, dans votre famille et la vie ceux qui sont dans le besoin autour de vous.

Colin Dye

Chapitre Un

La prière dans l'Ancien Testament

Dans toute la Bible, le mot « prière » est utilisé pour décrire tous les types de communication des êtres humains avec Dieu. Par exemple le cantique d'Anne dans 1 Samuel 2 est présenté comme une prière, même s'il s'agit d'une action de grâce. Et le chapitre trois d'Habakuk porte le titre de prière, même s'il est écrit à la manière d'un Psaume.

Il y a environ quatre-vingt-cinq prières dans l'Ancien Testament. On y trouve des prières d'adoration, de confession, de louange, de supplication et de reconnaissance.

Ces prières peuvent aussi bien n'être que de la reconnaissance, de l'adoration, ou de l'imploration. Mais la même prière peut inclure divers et nombreux types de prière. Veuillez lire Esaïe 63:7 à 64:12 et observez comment la louange, la reconnaissance, l'imploration, la confession et la supplication sont tissés dans la même trame. Les prières de l'Ancien Testament peuvent aussi être composées d'éléments de révélation prophétique, de déclaration de foi, de bénédictions ou de malédictions, de déclaration de guerre, de réprimande et d'appel à la repentance.

La plupart des prières de l'Ancien Testament se préoccupent de besoins physiques et de difficultés d'ordre pratique. Contrairement au Nouveau Testament, peu d'entre elles se concentrent sur des affaires spirituelles ou morales. Néanmoins, l'Ancien Testament tient quasiment pour acquis trois principes liés à la prière.

Bien que les Ecritures ne le disent jamais explicitement, leur enseignement implique toujours clairement le fait que:

La prière efficace

- ◆ Dieu entend la prière
- ◆ Dieu est touché par la prière
- ◆ Dieu n'exauce pas toutes les prières

Termes utilisés dans l'Ancien Testament pour la prière
L'Ancien Testament utilise six verbes principaux en hébreu pour décrire les différentes manières dont les hommes et les femmes prient Dieu. Les diverses traductions de la Bible ne rendent pas toujours la signification de ces verbes hébreux avec les mêmes mots, si bien qu'il est parfois difficile d'en apprécier la richesse sémantique.

Qara – **appeler**
C'est l'expression la plus ancienne et la plus simple indiquant l'invocation ou le fait d'être en prière. Genèse 4:26 est la première mention de la prière dans la Bible et elle montre que les gens ont commencé à prier en appelant Dieu par son nom: ils s'adressaient à Dieu directement en utilisant son nom sacré. Nous pouvons nous en apercevoir en lisant Genèse 12:8 et 21:33.

Cela signifie que dans ces premières prières il y a une simplicité, un style direct et familier. Nous pouvons le voir notamment dans Genèse 15:2–8, 18:23–33 et 24:12–14.

Le peuple de Dieu « a invoqué le nom de l'Eternel » dans tout l'Ancien Testament. Nous en avons des exemples dans 1 Samuel 12:17, 2 Samuel 22:4, 1 Rois 18:24, 2 Rois 5:11, Psaume 116:4,17, Esaïe 12:4, Jérémie 33:3, Joël 2:32 et Zacharie 13:9.

Le peuple de Dieu continue à invoquer le nom de Dieu dans le Nouveau Testament, par exemple dans Actes 2:21 et 9:14. Si bien que lorsque nous prions, nous savons que nous devons aujourd'hui encore prier «au nom de Jésus».

Palal – **prier**
C'est l'expression la plus usitée en hébreu pour désigner la prière. Toutefois ce verbe signifie littéralement « prier

La prière dans l'Ancien Testament

habituellement » ou « prier de manière répétée ». Lorsque les gens promettaient de palal, ils ne promettaient pas de prier une prière, ils promettaient de prier continuellement, de persévérer. Ce mot est utilisé spécifiquement pour exprimer le fait d'intercéder ou de « demander en faveur de quelqu'un d'autre » comme nous le voyons dans Genèse 20:7.

Ce verbe est utilisé pour la première fois pour décrire la prière faite par Abraham dans Genèse 20:7, 17 et ensuite celle de Moïse dans Nombres 11:2. Deutéronome 9:25-26 montre clairement qu'il y a une persistance dans la prière biblique palal, ainsi que 1 Samuel 1:10-12.

Le peuple de Dieu « a prié » à travers tout l'Ancien Testament. Vous pouvez apprécier cela dans 1 Samuel 7:5, 1 Rois 8:28-54, 2 Rois 4:33, Esdras 10:1, Néhémie 1:4-6, Esaïe 37:15, Daniel 9:4-20 et Jonas 2:2.

Ce besoin de persévérer dans la prière continue à être souligné dans le Nouveau Testament, par exemple dans Luc 18:1-8 et 1 Thessaloniciens 5:17.

Paga – s'approcher dans le but de plaider

La forme Qal de ce mot en Hébreu signifie: « rencontrer, avoir rendez-vous, atteindre. » Dans sa forme Hiphil, il signifie « faire implorer ou forcer à adresser des supplications » comme on peut le voir dans Jérémie 15:11. C'est l'expression qui définit la forme la plus forte de plaidoyer dans l'Ancien Testament. Elle est souvent traduite par « intercéder » ou « implorer ». Elle peut aussi signifier « approcher avec violence » ou, comme dans Job 36:32 « lancer une attaque, assaillir ou marquer » (littéralement ici: *il commande à l'éclair de frapper à un endroit précis*).

L'idée générale qui ressort de ce mot de l'Ancien Testament est que l'intercession est une intervention violente, une façon forte de plaider pour ou en faveur de quelqu'un d'autre. Nous regarderons cela de plus près dans le chapitre quatre, lorsque nous étudierons l'intercession.

Les prophètes étaient les seules personnes qui intercédaient devant Dieu dans l'Ancien Testament car ils étaient les

La prière efficace

seuls à posséder l'Esprit et l'onction nécessaires les rendant capables de s'approcher de la face de Dieu. Nous pouvons lire ce qui concerne la relation générale entre les prophètes et l'intercession dans Genèse 20:7 (*palal*), Exode 32:11-14 (*chalah*); 1 Samuel 7:5 (*palal*); Jérémie 7:16; 27:18 (*paga*) et Esaïe 59:16 (*paga*).

Esaïe 53:12 montre que l'intercession est centrale dans le ministère du Messie, le serviteur souffrant de Dieu. Le Nouveau Testament prolonge ce principe dans Hébreux 7:25 et Romains 8:34 qui décrivent l'œuvre de Christ comme celle de l'intercesseur éternel pour les saints.

Shaal – demander, demander pour, s'enquérir

C'est le mot que l'Ancien Testament utilise pour décrire la prière pour des besoins comme la grâce, la délivrance, l'information et la direction. Ce mot est utilisé pour décrire la prière dans Nombres 27:22 et dans Juges 1:1, où les Israélites avaient besoin de direction pour conduire la guerre contre les Cananéens.

Le peuple de Dieu « a demandé » à Dieu dans tout l'Ancien Testament. Cette manière de prier se retrouve par exemple dans 1 Rois 3:5, Psaume 2:8, Esaïe 7:11-12 et Zacharie 10:1.

Là encore ce type de prière se prolonge dans le Nouveau Testament. Dans Luc 11:9 et Jean 14:13, Jésus explique clairement que Dieu veut que nous continuions à lui demander tout ce dont nous pourrions avoir besoin.

Chalah – exhorter

Cette expression est inhabituelle en relation avec la prière adressée à Dieu et elle signifie littéralement: « adoucir la face de Dieu » ou « rendre la face de Dieu plaisante ou douce ». Ce verbe signifie « exhorter, pacifier ou apaiser ». Derrière ce mot il y a l'idée de suggérer à quelqu'un de montrer de la faveur plutôt que la colère et le châtiment, mais le mot est habituellement rendu par « implorer ». *Chalah* suggère le fait de parler doucement et paisiblement à Dieu, raisonner tranquillement avec lui, en opposition avec la manière violente et bruyante impliquée dans *paga*.

Moïse a prié ainsi dans Exode 32:11, lorsqu'il semblait que Dieu était sur le point de consumer le peuple d'Israël. Cette sorte de prière est aussi décrite dans 1 Rois 13:6, 2 Rois 13:4, Jérémie 26:19 et Malachie 1:9.

L'association entre la prière et l'encens s'est développée à partir de ce type de prière. Comme les gens réalisaient que Dieu faisait ses délices de la prière de son peuple, de même l'encens, un doux parfum, était souvent offert à Dieu par les sacrificateurs avec les prières. Le Psaume 141:2 montre que certaines prières (*palal*) ont finalement été considérées comme de l'encens. Cette association se retrouve dans Apocalypse 8:1–6.

Zaaq – pleurer, crier, appeler
L'Ancien Testament utilise cette phrase pour décrire la prière qui demande à Dieu de réparer un tort ou de libérer son peuple de certaines difficultés. Le mot équivalent en Arabe suggère le sens de « produire le son du tonnerre ». Les enfants d'Israël ont souvent « crié » au sujet de leurs malheurs, par exemple dans Exode 2:23, Juges 3:9,15; 6:6–7.

Cette manière de prier, très commune dans l'Ancien Testament, semble être essentiellement une forme de prière désespérée et bruyante. Nous pouvons en lire des exemples dans 1 Samuel 7:9, Néhémie 9:4, Psaume 107:13, Joël 1:14 et Michée 3:4.

Dans Romains 8:15 et Galates 4:6, Paul suggère que c'est l'Esprit qui nous pousse à crier à Dieu dans la prière.

Les postures de la prière dans l'Ancien Testament
Non seulement l'Ancien Testament utilise différents mots pour décrire divers types de prière, mais il nous montre aussi que les gens adoptaient différentes postures quand ils priaient. Il n'y avait pas qu'une seule manière juste de prier.

La prière efficace

Debout
Les gens priaient debout la plupart du temps dans l'Ancien Testament. Vous pouvez voir cela dans Genèse 18:22 et 1 Samuel 1:26. Marc 11:25 montre qu'il était évident pour Jésus que ses disciples se tiendraient debout pour prier.

A genoux
La posture des genoux peut être le signe extérieur des relations existant entre les gens. Par exemple les genoux peuvent être pliés dans la crainte ou en hommage devant un supérieur. Dans l'Ancien Testament les gens s'agenouillaient dans la prière et l'adoration pour démontrer à la fois leur crainte de Dieu et aussi sa supériorité. Vous pouvez voir cela dans Psaume 95:6, 1 Rois 8:54, Esdras 9:5 et Daniel 6:10. Dans Actes 9:40, 20:36 et 21:5, Paul et Pierre s'agenouillent dans la prière à des occasions particulières.

En se prosternant
Dans des moments de grande révérence dans l'Ancien Testament, les gens se tenaient prostrés, étendus de tout leur long sur leur visage devant Dieu. Vous pouvez voir cela dans Nombres 16:45 et 1 Rois 18:42. Matthieu 26:39 montre que Jésus a prié ainsi durant son heure la plus oppressante, à Gethsémané.

Assis
2 Samuel 7:18 (voir la version Darby) est le seul exemple biblique de quelqu'un assis pour prier. Ce n'était pas la manière juive de prier. Aujourd'hui, beaucoup de traditions et de cultures utilisent encore différentes postures pour la prière, mais Dieu est plus intéressé par nos attitudes et nos motifs que par nos positions.

Les mains levées
Le Psaume 63:5 décrit des mains levées vers Dieu dans la prière, peut être en signe de capitulation devant Dieu. Exode

9:29 et Esaïe 1:15 décrivent la prière avec les mains étendues, avec les paumes tournées vers le haut, ce qui suggère le fait de recevoir de la part de Dieu. Paul instruit Timothée à prier ainsi dans 1 Timothée 2:8.

La prière dans le pentateuque

Les cinq premiers livres de la Bible sont souvent appelés « le Pentateuque » bien que les Juifs les désignent habituellement sous le nom de « loi » ou « thora ». A l'exception de Deutéronome 26:1–15, il n'y a pas d'enseignement sur la prière dans les règles et les prescriptions détaillées que Dieu a données à Israël par Moïse. Toutefois les six types de prière mentionnés dans le Pentateuque sont instructifs.

Conversations avec Dieu

Beaucoup des prières qui sont faites sont des conversations entre Dieu et un être humain. Il ne s'agit pas seulement d'occasions où les gens s'approchent de Dieu pour lui parler.

Il est aussi question de moments où Dieu s'approche de son peuple pour révéler ses intentions. On trouve des exemples de ces conversations dans Genèse 15:2–8; 18:23–33; 24:12–14 et Exode 3:1 à 4:17.

Intercessions importantes

La plupart des prières qui sont rapportées dans le Pentateuque sont des intercessions importantes. Abraham a intercédé pour d'autres que lui-même dans Genèse 17:18; 18:23–32 et 20:7. Moïse a intercédé pour Pharaon afin qu'il soit débarrassé des plaies dans Exode 8:12; 9:33 et 10:18 et il a souvent intercédé pour Israël chaque fois que le peuple murmurait contre Dieu et se rebellait, par exemple dans Exode 32:11–13.

Requêtes personnelles

Il y a toutefois plusieurs prières personnelles rapportées dans le Pentateuque. Abraham a prié pour un enfant dans Genèse 15:2, Eliézer a prié pour avoir le succès dans son voyage,

La prière efficace

Genèse 24:12, Jacob a prié quand il avait peur, Genèse 32:9 à 12, Moïse a prié à la fois quand il était perplexe, Exode 5:22 et quand il était frustré, Nombres 11:11-15.

Bénédictions familiales
Quand un père bénit ses fils, comme dans Genèse 49:1-28, il s'agit essentiellement d'une vision prophétique du but de Dieu pour la personne en train d'être bénie. Mais Deutéronome 33 montre que c'est aussi une forme de prière, dans laquelle on demande à Dieu de réaliser ce qui a été révélé.

Serments et vœux
Le Pentateuque décrit plusieurs personnes qui font des serments et des vœux. Abraham fait le premier serment dans Genèse 14:21-24 et il est évident qu'il s'agit d'une forme de prière. Des serments tels celui de Jacob dans Genèse 28:20-22 devinrent très communs et sont même utilisés par Dieu lui-même dans Deutéronome 32:40.

Prières de sacrifice
La prière était étroitement liée aux sacrifices dans le Pentateuque. Nous le voyons dans Genèse 13:4; 26:25 et 28:18-22. L'offrande de la prière dans le contexte de l'accomplissement d'un sacrifice suggère un abandon total à Dieu et une soumission totale à sa volonté.

Toutefois le fait que la prière ne soit pas mentionnée dans ces parties du Pentateuque qui décrivent des gestes rituels de sacrifices suggère que le sacrifice sans prière était plus habituel.

La prière dans les livres historiques
A la suite du Pentateuque, il y a 12 livres qui rapportent l'histoire d'Israël, de Josué à Esther. Ils décrivent tous les événements importants dans le développement de l'histoire d'Israël, des Juges, en passant par les Rois, à l'exil de la nation, son retour et la reconstruction de Jérusalem.

La prière dans l'Ancien Testament

C'est une histoire pleine de prières et nous pouvons voir les conducteurs d'Israël comme les gens ordinaires du peuple crier à Dieu pour qu'il les aide, les sauve et les délivre. Toutefois, c'est en examinant dans ces livres les prières des grands hommes de l'époque que nous apprenons le plus de choses sur la prière.

Samuel
Jérémie 15:1 suggère que Moïse et Samuel sont les deux principaux intercesseurs de l'histoire d'Israël. Dans 1 Samuel 7:5–12, Samuel intercède deux fois devant Dieu pour la nation. Dans 1 Samuel 8 et 12 il intercède concernant la demande du peuple d'avoir un roi. Dans 1 Samuel 12:23 il se réfère à son plaidoyer constant pour le peuple et explique sa manière de prier comme faisant partie de son appel de prophète. Après le rejet de Saül, dans 1 Samuel 15:11, il prie toute la nuit.

David
L'histoire de David est émaillée de références à David qui « consultait l'Eternel » comme dans 2 Samuel 2:1; 5:19 et 23. Ces références indiquent la profondeur de la relation de prière de David avec Dieu et sa dépendance de lui pour recevoir une direction.

La plupart des prières de David qui sont rapportées dans la Bible se trouvent dans les Psaumes mais 2 Samuel 7:18–29 contient une prière moins formelle et plus personnelle. 2 Samuel 12:16 donne une description haute en couleurs des prières désespérées de David après que Dieu l'a puni à cause de son péché. Le Psaume 51, l'un des cinq seuls Psaumes à recevoir le titre de prière, a été écrit par David à cette époque de sa vie.

Elie
Elie et Elisée étaient tous deux de grands intercesseurs. Les prières d'Elie dans 1 Rois 17:20 et 18:36–37 sont sans précédent dans la Bible. Le grand test du Mont Carmel tourne autour de la question de savoir qui entend la prière. C'est la confiance

La prière efficace

d'Elie en celui qui entend et répond à la prière en tant que Dieu vivant qui suscite cet événement impressionnant.

Esdras
Esdras 8:21–23 montre comment Esdras dépendait de la prière pour la sécurité de son expédition. Dans Esdras 9:5–15, sa prière est probablement l'une des plus grandes prières de la Bible. Ici Esdras confesse des péchés qu'il n'a pas commis lui-même mais dont il se considère coupable parce qu'il fait partie de la nation qui les a commis.

Cette prière est significative car elle introduit le principe scripturaire de la confession représentative.

Néhémie
La vie de Néhémie est caractérisée par une prière constante. Nous en avons des exemples dans Néhémie 2:4, 4:4, 5:19 et 6:9. La grande prière de Néhémie dans 1:4–11 est similaire à celle d'Esdras. Il prend sur lui les péchés d'Israël et les confesse comme un tout. Il se considère lui-même comme participant de leur culpabilité et non pas comme une exception dans le peuple.

Les douze livres de Josué à Esther nous montrent encore deux aspects intéressants de la prière:

Des endroits particuliers
Ces livres contiennent des prières qui suggèrent qu'il existait des endroits particuliers pour la prière. L'arche de l'alliance représentait la présence locale de Dieu. Elle était donc un lieu de prière, comme dans 1 Samuel 1 et 2 Samuel 7.

Les sacrifices étaient offerts sur des « hauts lieux », donc on y priait aussi (cf. 1 Samuel 7:5 et 1 Rois 3). Et quand le temple a été consacré dans 1 Rois 8, c'était en partie en tant que lieu de prière.

Le jeûne
Les livres historiques introduisent la pratique du jeûne, qui

consiste à ne pas manger et à prier. C'est habituellement dans le contexte du deuil, des larmes et d'un appel à Dieu pour obtenir son aide.

Juges 20:26-27 contient la première mention du jeûne. Il y a d'autres exemples qui suivent dans 2 Samuel 12:21, 1 Rois 21:27, Esdras 8:23, Néhémie 1:4 et Esther 4:3,16.

La prière dans les psaumes

Le mot hébreu pour psaume signifie « chant de louanges ». Même s'il n'y a que cinq psaumes qui portent précisément le titre de « prière », nombreux sont ceux qui voient tous les psaumes comme des prières. Il y a effectivement un verset qui nous dit à la fin du psaume 72 que tous les psaumes précédents sont des prières.

Il y a des psaumes de louange, de reconnaissance, de pétition, de célébration, de lamentation, de méditation, de pénitence, de guerre et d'adoration. Il y a des psaumes individuels et collectifs, des psaumes qui font le récit d'un événement passé et des psaumes qui réclament la vengeance. Les psaumes expriment pratiquement toutes les émotions humaines possibles, par exemple la haine, la repentance, la piété, le patriotisme, l'étonnement, la confiance, l'amour et la dévotion.

Il semble qu'il y ait dix sortes de prières différentes dans les psaumes. Voici quelques exemples de chacun de ces types de prière. Lisez-les et émerveillez-vous de la créativité et l'honnêteté de la prière des psalmistes.

- ◆ Prières qui demandent à Dieu la bénédiction et la protection – Ps. 86, 102.

- ◆ Prières de louange et de reconnaissance – Ps. 47, 68, 104, 145-150.

- ◆ Prières pour la délivrance – Ps. 38, 88.

- ◆ Prières qui confessent la foi en Dieu en tant que créateur, Seigneur, Roi, Juge… – Ps. 33, 94, 97, 136, 145.

La prière efficace

- ◆ Prières de repentance et qui implorent le pardon – Ps. 6, 32, 38, 51, 102, 130, 143.
- ◆ Prières d'intercession – Ps. 21, 67, 89, 122.
- ◆ Prières qui crient vengeance – Ps. 35, 59, 109.
- ◆ Prières de sagesse ou d'instruction – Ps. 37, 45, 49, 50, 78, 104–107.
- ◆ Prières de questionnement – Ps. 16, 17, 49, 73, 94.
- ◆ Prières qui louent la parole de Dieu – Ps. 1, 19, 119.

En prenant les psaumes dans leur ensemble, ils semblent suggérer cinq principes généraux sur la prière:

Répandre son âme

Les psaumes semblent considérer la prière comme le fait de répandre son cœur. Nous le voyons dans Ps. 42:5, 62:9, 102, 142:3. Le psalmiste ne s'approche pas de Dieu dans la prière avec une liste de demandes fixée d'avance dans un ordre précis. Il va plutôt exprimer et répandre les sentiments et les désirs de son cœur, quels qu'ils soient!

Un mélange de sentiments

Cette manière de déverser son cœur dans les prières des psaumes reflète toutes les humeurs. Le psalmiste passe de la louange à la plainte, de la confession à la dépression, de la dévotion à la revanche. Nous en trouvons des exemples dans les Ps. 57, 69 et 139.

Collectives et personnelles

Certaines de ces prières, par exemple Ps. 60, 79, 80, sont collectives, et d'autres personnelles, comme Ps. 23, 51, 63. Mais si le psaume 44 est clairement collectif, le « je » et le « me » se retrouvent dans les versets 7 et 16. Et si le psaume 102 apparaît personnel à première vue, il devient très vite évident qu'il exprime la plainte et les besoins de la nation.

La prière dans l'Ancien Testament

Dans un certain sens, pratiquement toutes les prières dans les psaumes sont personnelles et collectives tout à la fois. Car elles expriment la compréhension hébraïque selon laquelle « dans la prière, une personne devrait toujours s'unir à la communauté ».

Matérielle et spirituelle
Même si la plupart des prières dans les psaumes se préoccupent de besoins matériels, les requêtes d'ordre spirituel se retrouvent aussi attachées à ces prières. Jusque là, la plupart des prières de l'Ancien Testament s'étaient préoccupées de besoins physiques.

Les psaumes introduisent toute la dimension des besoins spirituels comme un sujet de prière. On y trouve trois préoccupations spirituelles:

- Prière pour la communion avec Dieu – cf. Ps. 63
- Prière pour le pardon – cf. Ps. 51
- Prière pour connaître la volonté de Dieu – cf. Ps. 119.

Extrême urgence
Dans les psaumes, il y a le sentiment qu'il faut pousser Dieu à entendre notre prière. Il a besoin d'être réveillé, pressé, persuadé, comme dans Ps. 13:2-3, 28:1-2 et 44:24. Mais c'est parce que les besoins sont souvent urgents, immédiats et désespérés, comme dans le Ps. 70, et non parce que Dieu est sourd, ou qu'il n'est pas disposé à entendre.

Ces prières sont différentes des dialogues d'Abraham et Moïse avec Dieu, où ils semblent presque converser comme des égaux. Ces prières au contraire ressemblent plus à des requêtes urgentes d'enfants à leurs parents dans un temps d'intense besoin personnel.

La prière dans les livres prophétiques
Les derniers dix-sept livres de l'Ancien Testament sont appelés les «prophètes». Il s'agit d'une collection d'écrits des prophètes

La prière efficace

d'Israël qui ont vécu sur une très longue période. Certains tels Jérémie, ont exercé leur ministère quand les Juifs étaient dirigés par des rois, d'autres, comme Daniel, ont prophétisé durant leur exil. Et Zacharie et Aggée ont été utilisés par Dieu après que les Juifs étaient revenus d'exil pour reconstruire Jérusalem.

La prière a une grande valeur dans ces livres, spécialement dans les livres écrits après la déportation des Juifs et la destruction de leur temple, ceci pour les raisons suivantes:

- ◆ Ils ne pouvaient plus offrir à Dieu aucun sacrifice et devaient l'adorer par la prière qui les remplaçait

- ◆ Ils se sentaient abandonnés de Dieu et le pressaient à la fois d'expliquer ce qui s'était passé et de les bénir à nouveau.

Daniel 6 illustre comment la prière était la marque distinctive des Juifs en exil. Les ennemis de Daniel utilisent la prière comme prétexte et base de leur attaque.

Ce chapitre contient la première mention de temps particuliers pour la prière, bien que le Psaume 55:18 y fasse peut-être déjà allusion. Les Juifs utilisaient Genèse 19:27, 24:63 et 28:11 pour justifier leurs trois heures de prière. Actes 3:1 montre que ces temps particuliers de prière étaient encore utilisés dans la première église.

Tous les prophètes étaient intercesseurs – cela faisait partie de leur appel prophétique. Ils étaient prophètes parce qu'ils avaient une onction spéciale de l'Esprit et cette onction leur donnait:

- ◆ Le droit d'accès à Dieu par la prière

- ◆ La force de lutter avec Dieu dans la prière d'intercession

- ◆ La capacité d'interpréter la parole de Dieu auprès du peuple

- ◆ Le discernement pour apprécier les vrais besoins du peuple

La prière dans l'Ancien Testament

◆ Nous allons considérer le ministère général d'intercession des prophètes dans le chapitre quatre, mais, au-delà de cet aspect particulier de la prière, les livres prophétiques semblent contenir quatre principes généraux sur la prière.

La prière personnelle
Bien que les prophètes fussent avant tout des intercesseurs, ce qui veut dire qu'ils priaient en faveur de ou pour d'autres personnes, ils ne négligeaient pas de prier pour eux-mêmes. Jérémie 17:14–18; 18:19–23 et 20:7–18 montre les difficultés et les épreuves particulières auxquelles le prophète a fait face et illustre la manière dont les prophètes priaient pour eux-mêmes quand ils avaient des problèmes.

Entendre la parole de Dieu
C'était dans la prière (tout au moins en partie) que les prophètes entendaient la parole de Dieu. La promesse de Dieu faite à Jérémie (33:3) lui était adressée personnellement en tant que prophète, mais depuis la Pentecôte cette promesse est valable pour tous les croyants. Néanmoins Jérémie 42:1–7 rapporte que Jérémie a dû attendre dix jours dans la prière avant d'entendre la parole de Dieu.

Prévenir le mal
Les prophètes priaient souvent pour éviter un malheur présent ou prédit. Amos 7:1–6 et Jérémie 15:1–21 illustrent cet aspect de la prière prophétique. Dans ces passages les prophètes oints dirigeaient leur prière vers Dieu, le suppliant d'intervenir afin d'éviter le malheur. Ils ne dirigeaient pas leur prière vers le diable. Nous étudierons la combat spirituel dans le chapitre sept.

Le jeûne
Progressivement, le jeûne a été plus clairement associé à la prière. Esaïe 58:1–14 et Zacharie 7:1–7 contiennent des

La prière efficace

enseignements qui corrigent la notion du jeûne et expliquent au peuple quel est le jeûne demandé par Dieu.

Il est plus facile de comprendre le type de prière qui est le plus typique des livres prophétiques en lisant trois remarquables exemples des prières des prophètes. Ces grandes prières illustrent le combat, la victoire et la prière prophétique que Dieu attend de ceux qui ont été oints de son Esprit.

Esaïe 63:7 à 64:12

Dans cette étonnante prière, le prophète semble presque prendre les devants et conduire l'adoration du peuple qui est en exil. Cette prière représente un pas de géant dans la compréhension de Dieu dans l'Ancien Testament. En effet, elle fait à la fois appel à la paternité de Dieu et au Saint-Esprit.

Esaïe 63:16 et 64:7 sont les premières prières scripturaires où l'on trouve la référence à « notre Père ». Cette expression est reprise par Jésus dans sa prière du « Notre Père ». Esaïe 63:10–11 est l'une des deux seules références de l'Ancien Testament à l'Esprit « Saint », le titre qui est adopté définitivement comme nom pour l'Esprit de Dieu dans le Nouveau Testament.

Daniel 9:1–27

Il s'agit encore ici d'une confession collective ou représentative, similaire à la prière d'Esdras et de Néhémie. Dans sa prière et son jeûne, Daniel s'identifie pleinement avec tout le peuple de Dieu dans sa méchanceté, même s'il n'avait pas péché personnellement. Parce qu'il faisait partie de ce peuple, leur péché était son péché. Ce type de prière est développé dans le Nouveau Testament dans des passages tels que 1 Jean 5:16.

Jérémie 14:1 à 15:21

L'intercession tenace continue à combattre et argumenter avec Dieu pour éviter le malheur même lorsque Dieu a demandé au prophète d'arrêter. Habituellement l'annonce du jugement faite par Dieu est une invitation à intercéder pour obtenir sa miséricorde, néanmoins, ce récit montre qu'il y a

La prière dans l'Ancien Testament

un moment, un point de non retour où Dieu ne changera plus sa décision.

- ◆ Une intercession – 14:2–9
- ◆ La réponse de Dieu interdisant l'intercession – 14:10 à 12
- ◆ Encore plus de plaidoyer, en dépit de la fin de non recevoir divine – 14:13
- ◆ Encore plus d'avertissements de la part de Dieu – 14:14 à 16
- ◆ Des pleurs du prophète qui finissent par encore plus d'intercession – 14:17 à 22
- ◆ La réponse de Dieu concernant une condamnation finale 15:1 à 9
- ◆ Encore plus de dialogue dans la prière qui continue jusqu'à 15:21.

Ces prières révèlent la relation intime et profonde qui existe entre Dieu et les prophètes. Elles ressemblent au premier abord aux prières de dialogue utilisées par Abraham et Moïse, mais on y trouve plus d'intensité, le jeûne s'y est ajouté, et la prière est caractérisée par le combat, la victoire, l'agonie et une intercession intense, souvent épuisante.

Chapitre Deux

La prière dans le Nouveau Testament

S'il y avait quelqu'un qui n'avait pas besoin de prier, semble-t-il, c'était bien Jésus. Pourtant les quatre Evangiles montrent clairement que la prière était l'élément absolument central de sa vie.

La vie de prière de Jesus sur la terre

Les Evangiles rapportent les faits mentionnés ci-après à propos de Jésus et de la prière. Dans ces passages, nous pouvons saisir l'étendue de la vie de prière que Jésus nous donne en exemple.

Il priait:

- Tôt le matin – Marc 1:35 Tard le soir – Luc 6:12
- Lors de son baptême – Luc 3:21
- Après avoir passé beaucoup de temps dans l'exercice du ministère – Marc 1:35, 6:46, Luc 5:16
- Pendant toute une nuit avant de choisir les douze disciples – Luc 6:12
- Seul, en présence de ses disciples – Luc 9:18 Lors de sa transfiguration – Luc 9:28–29 Après le dernier souper – Jean 17
- À Gethsémané – Marc 14:32, Luc 22:41 Pour Pierre – Luc 22:32
- Pour les petits enfants – Matthieu 19 À sa crucifixion – Luc 23:34
- Après sa résurrection – Luc 24:30 À son ascension – Luc 24:50 Après son ascension – Jean 14:16.

La prière efficace

Jésus a aussi:
- ◆ Demandé à d'autres de prier – Luc 22:40
- ◆ Pressé les foules de prier – Luc 21:36
- ◆ Enseigné les gens à prier – Matthieu 6:5–18, Luc 11:1–4
- ◆ Enseigné sur la prière – Matthieu 21:22, Marc 11:24–25, Luc 11:5–13; 18:1–14, Jean 14:13; 16:23–28
- ◆ Été en colère quand les gens faisaient du commerce plutôt que de prier dans le temple – Luc 19:45–46.

La vie de prière de Jésus dans les cieux

Le Nouveau Testament montre qu'après son ascension, Jésus est toujours un homme de prière, il est «l'Intercesseur».

Romains 8:34 déclare: « Christ est mort, bien plus, il est ressuscité, il est à la droite de Dieu et il intercède pour nous. »

Et Hébreux 7:25 proclame: « C'est aussi pour cela qu'il peut sauver parfaitement ceux qui s'approchent de Dieu par lui, étant toujours vivant pour intercéder en leur faveur. »

Ces deux versets révèlent l'activité éternelle du Christ ressuscité. Pendant que j'écris ces lignes, que vous en étudiez le contenu, durant cette vie et jusqu'à notre mort, Christ continue à intercéder pour nous et pour tous les croyants, partout.

Christ prie dans le ciel

Ces versets montrent que Jésus-Christ vit essentiellement au ciel plutôt que dans des cœurs humains. S'il vivait principalement sur la terre dans les cœurs des croyants, il ne pourrait pas se trouver à la droite du Père pour intercéder pour eux.

Le principe scripturaire est que nous recevons le Saint-Esprit dans nos vies et que nous croyons au Fils de Dieu qui vit dans les lieux célestes où il entre en relation avec le Père dans cette prière éternelle et agonisante.

Christ prie pour les saints

Romains 8:34 et Hébreux 7:25 nous présentent Christ priant pour les saints, pour ceux qui se sont approchés de Dieu par lui. Ceci est un principe de prière important.

Dans son intercession, l'Eglise s'est récemment concentrée sur le fait de prier pour les incroyants, spécialement pour qu'ils soient sauvés. Si cela n'est pas faux, l'Ecriture met l'accent sur deux autres objectifs de la prière. Premièrement, que les croyants soient motivés et équipés pour apporter le message du salut aux incroyants avec une présentation puissante de l'Evangile. Deuxièmement, que les obstacles qui empêchent les incroyants d'entendre ou de recevoir le message du salut soient ôtés afin qu'ils soient puissamment convaincus de péché.

En compulsant la matière que nous offre la Bible sur le sujet de la prière, nous devrions toujours chercher à connaître le but de chaque prière étudiée.

Nous devrions essayer de découvrir:

- Pour quelles personnes il nous est demandé de prier
- Pourquoi il nous est demandé de prier pour ces personnes
- Qu'est-ce qu'il nous est demandé de prier pour ces personnes.

L'enseignement de Jésus sur la prière

Jésus a beaucoup enseigné sur la prière. En fait, il a enseigné sur la prière plus que tout autre sujet, excepté le sujet du royaume de Dieu et celui des finances. Son enseignement reflétait sa vie, les vérités qu'il transmettait étaient démontrées.

Voici les dix principes de base de la prière que Jésus a enseignés à ses disciples les plus proches. Nous pouvons nous demander quels sont ceux que nous suivons et quels sont ceux que nous ignorons.

La prière efficace

Jésus a enseigné à ses disciples:
- ◆ À prier en privé – Matthieu 6:5–6
- ◆ À se mettre d'accord avec deux ou trois personnes dans la prière – Matthieu 18:19
- ◆ À veiller à ce que leur prière publique soit claire et courte – Matthieu 6:7–13
- ◆ À faire des requêtes spécifiques en relation avec leurs besoins immédiats – Matthieu 6:11 et Luc 11:3
- ◆ Que la prière était efficace dans la mesure où ils pardonnaient aux autres – Matthieu 6:11, Luc 11:3–4
- ◆ Que la prière était efficace dans la mesure où ils obéissaient à ses instructions et à la parole de Dieu Matthieu 7:21 à 27
- ◆ À continuer à prier, à persister dans leurs requêtes, à persévérer – Luc 11:5–13, Luc 18:1–8
- ◆ À prier avec une attitude de repentance et non pas avec une confiance arrogante – Luc 18:9–14
- ◆ À prier avec foi – Matthieu 21:18–22, Luc 17:5–6
- ◆ À prier en son nom – Jean 14:13–14, Jean 16:23–24, 26

Ce dernier point est très significatif. A l'approche de sa mort, Jésus dit à ses disciples que leur prière devait désormais être adressée au Père au nom du Fils – et qu'une demande ainsi formulée était sûre d'être accordée (Jean 16:23–24:26). C'est ce qui distingue la prière chrétienne de toute autre prière: elle est offerte au nom de Christ.

La parabole de Jésus sur la prière

L'enseignement de Jésus le plus clair sur la prière se trouve dans Luc 11:1–13 (voir aussi Matthieu 5:9–13). Luc rapporte que les disciples, ayant observé et écouté Jésus prier, lui demandèrent de leur enseigner à prier.

La prière dans le Nouveau Testament

Jésus a répondu à leur requête avec:
- ◆ Une prière à utiliser
- ◆ Une parabole à comprendre
- ◆ Certains principes à suivre.

La parabole de l'ami persévérant dans les versets 5–8 nous enseigne beaucoup sur la prière. Dans cette histoire, Jésus, qui est toujours vivant pour intercéder pour ses amis, révèle quels sont les éléments de la prière parfaite.

Un besoin immédiat

Dans cette parabole, l'homme priait à cause d'un besoin urgent survenu de manière inattendue au pire moment possible. Cela suggère que nous devrions commencer à prier quand Dieu nous communique un besoin ou un fardeau qui doit trouver réponse; ensuite nous devrions continuer à faire cette requête jusqu'à ce qu'elle ait trouvé réponse. Ceci implique que Dieu choisit à la fois ce pourquoi nous devons prier et le moment où nous devons commencer à prier pour ce sujet.

Une relation nécessaire

Dans cette parabole, la prière est la réponse affectueuse de cet homme au besoin de son ami. Un homme visitait un ami qui, à son tour a appelé un autre ami. Ceci nous suggère le fait que la prière est l'expression d'une relation et que nous devrions nous concentrer principalement sur le fait de prier pour les besoins de nos amis et des gens que nous connaissons. Mais le Saint-Esprit nous rendra aussi capables d'aimer ceux que nous ne connaissons pas personnellement et de nous identifier à eux.

Jésus semble suivre ce principe. Jean 15:3–15 nous montre que les croyants sont les amis de Jésus et Romains 8:34 et Hébreux 7:25 présentent Jésus comme priant pour «nous», c'est-à-dire ceux qu'il a sauvés.

La prière efficace

Un amour évident

Dans cette parabole, l'homme a pris son visiteur fatigué et affamé dans sa maison. Il n'a pas utilisé l'excuse du manque de nourriture ou de l'heure tardive. Il a renoncé à sa nuit de sommeil, au confort de son lit et a risqué sa réputation auprès d'un ami voisin pour obtenir un peu de pain pour son hôte. Pourquoi? Sûrement parce qu'il aimait ce visiteur.

L'amour – pas juste une simple habitude ou un devoir – devrait être l'une des motivations principales de la prière. L'amour véritable nous fait sortir de notre lit et nous met sur nos genoux.

Une situation désespérée

L'homme de la parabole n'avait pas de ressources personnelles lui permettant de nourrir son ami. L'amour, aussi grand soit-il, peut être parfaitement impuissant. Des parents peuvent aimer leurs enfants malades mais rester incapables de les aider. Cet homme était d'accord de prendre lui-même soin de nourrir son ami, mais il n'avait rien à lui donner.

C'est cette impuissance qui l'envoya supplier quelqu'un qu'il croyait capable de répondre à ce besoin urgent. Cela nous suggère qu'il n'y a que ceux qui reconnaissent et acceptent leur propre faiblesse qui peuvent recevoir la force de la part de Dieu. Cela nous suggère aussi que nous devrions demander à Dieu de répondre seulement aux besoins auxquels nous ne pouvons pas nous-mêmes répondre. Parfois nous demandons à Dieu de faire des choses que nous sommes parfaitement capables de faire nous-mêmes!

Ainsi Christ intercède pour ceux qu'il a sauvés parce qu'il n'y a rien d'autre qu'il puisse faire. Il a donné sa vie, versé son sang, est ressuscité des morts, est monté vers le Père et a baptisé son épouse dans le Saint-Esprit. Il ne peut faire qu'une seule chose de plus: demander à son Père d'intervenir.

La prière dans le Nouveau Testament

La prière de la foi
L'homme dans cette parabole était sûr que son ami l'aiderait. Il savait que son ami ne prendrait pas mal le fait d'être réveillé en pleine nuit. Et c'était cette confiance et cette foi qui l'ont porté à travers la nuit et le froid. C'est cette foi confiante qui rend notre prière résolue. Cela n'a aucun sens de prier si nous pensons que Dieu ne semble pas vouloir, n'est pas d'accord ou n'est pas capable de répondre au besoin.

Après avoir donné cette parabole, Jésus continue dans Luc 11:13 par enseigner que Dieu est tout prêt à donner de bonnes choses à ses enfants, et spécialement à donner le Saint-Esprit à ceux qui le lui demandent. Les promesses étonnantes de Jean 14:16 devraient sûrement nous conduire à une foi confiante qui fait jaillir la prière de nos lèvres.

Nous pouvons être certains que Jésus a une confiance absolue dans la capacité de son Père d'entendre et de répondre à la prière. Jésus sait que son intercession n'est pas vaine. Nous pouvons être également sûrs que ses prières pour nous recevront aussi leur réponse.

L'audace indispensable
Il y a un tournant dans la parabole. Les espoirs de cet homme ont été anéantis. Son ami ne voulait pas l'aider. C'est la pointe de la parabole. Le chemin de la prière, spécialement la prière de pétition et l'intercession, est semé d'embûches et Dieu veut que nous soyons audacieux.

L'homme devait être audacieux pour réveiller ses voisins à minuit et leur emprunter du pain. Le mot grec anaidei dans Luc 11:8 est traduit par « audace » ou « importunité », mais il signifie en réalité « sans gêne », « toupet », « impertinence ».

Nous avons besoin d'audace et de détermination pour penser: « J'ai besoin de ces provisions et je ne laisserai rien me déconcerter tant que je ne les aurai pas obtenues. » Nous avons besoin d'une sainte audace, basée sur la force de notre relation avec Dieu, pour lui demander quelque chose avec toupet, sans gêne.

La prière efficace

La persistance indispensable
L'application de la parabole aux versets 9 à 13 utilise un temps grec qui peut le mieux se comprendre par l'expression: « continuez à demander, continuez à chercher, continuez à frapper. » Si l'homme persiste à appeler son voisin à sortir de sa maison, il obtiendra son pain. S'il abandonne, il rentrera chez lui les mains vides.

Donc, nous devrions continuer à prier courageusement, jusqu'à ce que nous recevions la réponse de Dieu, de même que Jésus continue à intercéder pour nous. Rien ne le fera cesser.

La certitude d'obtenir un résultat
La parabole finit bien. L'homme obtient ses trois pains. Cela n'a pas d'importance de savoir s'il les a obtenus à cause de sa relation ou à cause de sa persistance et son audace. Ce qui compte c'est le pain qu'il tient dans les mains.

Il est possible que Jésus ici compare le voisin riche du verset 8 avec le Père céleste du verset 13. Ceci souligne la certitude absolue d'obtenir un résultat dans la prière. La déception est impossible avec notre ami le Père. Il nous donnera de bonnes choses. Il nous donnera tout ce dont nous avons besoin, le Saint-Esprit. De même, les requêtes faites par Jésus dans le ciel ne seront pas oubliées. Son épouse sera prête pour les noces.

Le modèle d'intercession de Jésus
Après le dernier repas, après avoir beaucoup enseigné sur le Saint-Esprit et la prière, Jésus prie la « prière sacerdotale » (allusion au souverain sacrificateur) qui est rapportée dans Jean 17. Cette prière est notre exemple scripturaire le plus clair de l'intercession de Christ. Si Matthieu 6:9–13 est notre modèle de prière, alors Jean 17 doit être notre modèle d'intercession.

Jean 17 comprend trois prières plutôt qu'une seule.

- ◆ Les versets 1 à 8 rapportent la prière que Jésus prie pour lui-même

La prière dans le Nouveau Testament

- ◆ Les versets 9 à 19 montrent Jésus priant pour ses onze disciples
- ◆ Les versets 20 à 26 décrivent son intercession pour nous

Cinq caractéristiques se retrouvent dans les trois prières:

- ◆ Chaque prière commence par une déclaration précise montrant pour qui Jésus prie – versets 1, 9, 20
- ◆ Chaque prière a pour thème principal la gloire – versets 1–5, 10, 22
- ◆ Chaque prière est adressée au Père – versets 5, 11, 21
- ◆ Chaque prière mentionne les gens que le Père a donnés à Jésus – versets 2, 9, 24
- ◆ Chaque prière contient le thème de la proclamation faite par Jésus au sujet du Père – versets 6, 14, 26.

La prière de Jésus pour lui-même

Dans cette section de sa prière de Jean 17, le grand cri de Jésus était que le Fils soit glorifié afin qu'il puisse efficacement glorifier le Père. « La gloire » a été définie comme « une manifestation visible de majesté par des actes puissants ». Si nous suivons ce modèle, nous allons crier au Père de glorifier le Fils en nous et Jean 16:13–14 nous montre justement que c'est là l'une des fonctions spéciales du Saint-Esprit.

Le calvaire et le matin de Pâques furent la réponse de Dieu à la demande de Christ d'être glorifié. La souffrance et la transformation peuvent être la réponse de Dieu à nos prières.

Jésus avait révélé le nom du Père aux douze disciples. Dans l'Evangile de Jean, avec l'accent mis sur le fait de révéler Jésus comme le Fils de Dieu et dans sa divinité, le nom de Dieu est un thème important. Il semble que pour Jean ce nom était *ego eimi*, l'équivalent du nom sous lequel Dieu se révèle à Moïse dans Exode 3:13–15. Ce nom signifie « je suis qui je suis », ou peut-être « je serai celui que je serai ».

La prière efficace

Dans la Bible, le nom de Dieu est sa nature active. Cela signifie que Jésus a révélé le nom de Dieu en se révélant lui-même comme Dieu. Il y a là un mystère qui ne sera jamais complètement dévoilé, même lorsqu'il reviendra en gloire selon Apocalypse 19:12.

Aujourd'hui, Jésus est connu sous le nom de Jésus. Il peut aussi être identifié sous les noms de *La parole de Dieu*, *le Roi des rois* et *le Seigneur des seigneurs*, selon Apocalypse 19:13,16. Mais Apocalypse 19:12 montre qu'il a un autre nom qui n'est pas encore connu. Avec les trois cents autres noms et titres bibliques de Dieu, c'est à cela que nous faisons allusion quand nous prions « au nom de Jésus ».

Chaque fois que nous prions en son « nom », nous anticipons la fin de cette dispensation. Deutéronome 12:5, Psaume 9:8–11, Psaume 20:8, Psaume 22:23 et Esaïe 52:6, tous ces passages pointent sur ce jour où le nom de Dieu sera connu. Cela suggère que l'œuvre consistant à proclamer et révéler le divin nom de Dieu et sa nature devrait constituer une part importante de nos prières les uns pour les autres et pour nous-mêmes.

La prière de Jésus pour les onze

Cette section de la prière de Jésus dans Jean 17 est une extension de sa prière pour être glorifié. C'est par la persévérance et le témoignage des disciples que le nom de Dieu sera glorifié.

L'opposition est un sujet clef de cette prière. Les disciples doivent être laissés dans le monde mais ils n'appartiennent pas à ce monde. Ils sont étrangers et pour cette raison ils provoqueront le trouble. Jésus leur a donné la parole de Dieu si bien que le monde réagira inévitablement par la haine.

Le verset 11 dit: « Père saint, garde en ton nom ceux que tu m'as donnés. » Une autre traduction nous aide en disant: « Garde-les, par la puissance de ton nom, le nom que tu m'as donné. »

Il est intéressant de noter ce pour quoi Jésus ne prie pas dans cette situation. Il ne prie pas pour le monde et il ne prie pas pour que l'hostilité disparaisse. Au contraire, sa prière dans les versets 11–15, c'est que les disciples soient gardés.

Souvent, dans l'Ancien Testament, le nom de Dieu est vu autant comme un lieu où l'on est en sécurité qu'un moyen d'être en sécurité. Psaume 20, Psaume 91:14, Psaume 124 et Proverbes 18:10, tous ces passages illustrent ce fait.

Aujourd'hui, beaucoup de croyants prient souvent pour une solution de facilité alors qu'au contraire Dieu veut révéler la profondeur de son amour face à l'adversité. Christ ne pouvait pas quitter le monde sans faire face au malin. Nous non plus, nous ne le pouvons pas. Ceci suggère que nous devrions prier pour la sécurité, la protection et des forces renouvelées plutôt que pour l'arrêt d'une quelconque opposition.

Jésus a néanmoins prié positivement pour les onze. Il a demandé qu'ils soient mis à part, consacrés pour le service et mis à part dans la vérité. Selon Jean 15:26–27 cela doit être une mise à part dans le Saint-Esprit, l'Esprit de vérité, pour le service.

Ceci suggère que nous devrions plaider en faveur des croyants pour lesquels Dieu nous a mis le fardeau de prier, afin qu'ils soient consacrés dans l'Esprit pour l'action. C'est là la prière la plus efficace pour l'évangélisation. Au lieu de se limiter à prier pour le salut des gens, nous prions aussi pour ceux qui ont été sauvés. Nous prions qu'ils servent Dieu de mieux en mieux en proclamant avec puissance son nom à ceux qui ne le connaissent pas encore.

La prière de Jésus en notre faveur

Dans la dernière section de Jean 17, Christ nous offre deux prières.

Premièrement, il a prié pour que nous soyons un. La trinité est le modèle de cette unité. C'est une unité qui a son origine dans une action divine et non humaine. C'est une unité visible qui lancera un défi au monde concernant la divinité de Christ.

Jésus a lancé un défi au monde par son unité évidente avec

le Père. Nous lancerons nous aussi un défi au monde, quand nous serons un les uns avec les autres et avec Dieu.

Jésus a aussi lancé un défi au monde en révélant la gloire de Dieu par ses actes de puissance. Nous aussi, nous lancerons un défi au monde lorsque nous ferons les mêmes œuvres. Cela suggère que les signes et les miracles sont indissociables de l'unité. Si nous voulons des signes et des miracles, peut-être devrions-nous prier pour l'unité.

Deuxièmement, Jésus a prié que nous soyons avec lui pour toujours. Le fiancé prie pour l'arrivée rapide du jour de son mariage. Apocalypse 22:17 dit que l'Esprit et l'Epouse sont aussi en train de crier: « Viens! » Mais est-ce que l'épouse prie vraiment cela aujourd'hui?

Dans le Nouveau Testament nous avons la promesse que nous verrons la gloire de Dieu et nous en jouirons après avoir enduré les souffrances de ce monde. Christ hâte ce jour par ses prières constantes pour le perfectionnement de son épouse. Il nous appelle à suivre l'exemple de sa prière.

La prière modèle de Jésus

La prière modèle de Jésus dans Matthieu 6:9–13 et Luc 11:2–4 est la prière la plus connue et la plus fréquemment priée dans le monde. Et pourtant la plupart des gens passent à côté du sens de cette prière, car Jésus donne plutôt une trame à toutes nos prières qu'une prière toute faite à répéter sans cesse.

Matthieu 6:5–9 plante le décor de la prière modèle. Il ne veut pas que nous priions de la manière hypocrite décrite aux versets 5 à 7. Il ne veut pas que nous priions juste pour impressionner la galerie. Il ne veut pas que nous priions publiquement de longues prières sans fin. Il explique aussi que nous nous approchons du Dieu qui connaît déjà tous nos besoins et qui, pour cette raison, n'a pas besoin de recevoir de leçons sur l'état de notre situation.

Au lieu de tout cela, Jésus nous dit « comment » nous devons prier. La prière du Notre Père est un exemple de prière. Il nous donne un canevas de prière à remplir. Alors que nous prions, nous pouvons remplir le canevas avec les quelques détails spécifiques qui se rapportent à notre situation.

Notre Père
La prière est à la fois personnelle et collective. Il s'agit clairement d'une prière collective que nous pouvons utiliser dans notre vie privée et pourtant elle utilise le « nous » et le « notre », « nos » de bout en bout. Une fois de plus cela nous rappelle le principe hébraïque selon lequel nous devrions nous unir les uns aux autres chaque fois que nous prions. Cette phrase suggère que lorsque nous prions, nous devrions nous rappeler à la fois la relation que nous avons avec Dieu par la foi en Christ et la communion que nous partageons les uns avec les autres. Dans la prière, nous devrions dire à Dieu ce que sa paternité signifie pour nous, et l'en remercier.

Aux cieux
Nos prières devraient être basées sur la révélation que Dieu est sur le trône et qu'il a un contrôle total de la situation. Nous pouvons lui demander de nous aider à devenir plus conscients de sa grandeur et de sa présence.

Que ton nom soit sanctifié
Cette phrase nous rappelle de prier comme Jésus le fait dans Jean 17, demander que la gloire de Dieu et la sainteté de son nom soient reconnues et expérimentées de manières spécifiques. Dieu est un bon Père qui se fait un plaisir de nous donner de bonnes choses et révèle différents aspects de sa nature par ses noms variés.

Quand nous prions, nous pouvons nous adresser à Dieu en utilisant les noms du Seigneur qui sont appropriés à notre prière, par exemple, celui qui guérit, celui qui pourvoit, libérateur, guide, créateur, Sauveur, berger etc…

Que ton règne vienne
Ceci nous aide à nous rappeler de prier pour que Dieu

La prière efficace

établisse son règne par l'extension de son influence. Celle-ci grandit quand les hommes fléchissent les genoux devant Jésus-Christ et quand nous nous soumettons de plus en plus au règne de Christ. Demander que son règne vienne revient à demander à Dieu de régner en ayant toute liberté d'action dans les situations et les vies pour lesquelles nous prions.

Que ta volonté soit faite sur la terre comme au ciel
La venue du royaume de Dieu signifie la révélation sur la terre des conditions respectées dans le ciel. Bien sûr cela ne prendra pas pleinement place avant que le royaume vienne dans sa manifestation finale. Entre-temps, nous devrions prier pour que la volonté révélée de Dieu soit faite dans ces situations spécifiques qui nous concernent sur la terre.

Nous pouvons le remercier de ce qu'il veut que sa volonté soit faite sur la terre et nous pouvons avoir la foi que cela va se passer alors que nous prions.

Donne-nous aujourd'hui notre pain quotidien
Cette demande nous montre que nous devrions prier pour les besoins physiques de la vie quotidienne. Il est dans l'intention de Dieu que tous ses enfants reçoivent ce dont ils ont besoin mais nous devons également faire tout ce qui est nécessaire pour pourvoir à nos propres besoins.

Comme l'homme de la parabole, nous prions pour les besoins auxquels nous sommes nous-mêmes incapables de répondre. Nous n'expérimenterons la vraie provision divine que lorsque nous aurons conjugué la prière avec l'action.

Et remets-nous nos dettes
Nous devons prier pour le pardon spirituel de la part de notre Père et pour la remise des dettes financières de la part de créanciers sans merci ou injustes de ce monde. En tant que croyants rachetés, nous avons déjà le pardon de Dieu sur un plan juridique, mais nous avons besoin d'une purification

La prière dans le Nouveau Testament

quotidienne pour maintenir notre communion personnelle avec Dieu.

Comme pour le pain quotidien, la remise des dettes est obtenue par le fait de mêler la prière et l'action. Nous ne devrions prier que pour les besoins que nous ne pouvons pas satisfaire nous-mêmes, ou demander que Dieu nous rende capables de répondre aux besoins avec les ressources qu'il nous a données.

Si, en réponse à notre prière, Dieu nous accorde les ressources qui nous permettront de satisfaire à nos besoins et que nous n'agissons pas en conséquence, cela sonnerait faux de lui demander de répondre directement à ces besoins. Bien sûr, si nous avons fait ce que nous pouvions avec ce que Dieu nous a donné nous pouvons lui demander de faire encore plus.

Comme nous pardonnons à nos créanciers

Jésus montre clairement que notre Père céleste retiendra son pardon envers nous si nous retenons notre pardon envers les autres. Cette vérité est soulignée dans Matthieu 6:14–15. Il est évident que cela ne veut pas dire que nous serons placés sous le jugement ou la condamnation de Dieu. Jésus parle plutôt ici du pardon parental de Dieu qui nous est retenu jusqu'à ce que nous apprenions à pardonner aux autres. Il nous parle en tant que fils et filles qui pourraient déplaire à leur Père de temps à autre mais, en tant que notre Père céleste, il nous disciplinera dans l'amour.

Pardonner à ceux qui nous font tort n'est pas toujours chose facile – nous avons besoin que Dieu nous aide à le faire. Mais nous devons pardonner sinon nous ne recevrons pas nous-mêmes la miséricorde de Dieu.

Et ne nous induits pas en tentation

Cette phrase nous montre que nous devrions demander à Dieu de nous garder de tomber dans le péché et de nous aider à vaincre les épreuves de notre vie.

La prière efficace

Mais délivre-nous du mal

Quand la plupart des gens récitent le Notre Père, ils utilisent parfois une traduction ancienne qui se réfère incorrectement au mal plutôt qu'au malin.

Nous sommes tous impliqués dans une bataille spirituelle et nous avons tous besoin de prier pour que Dieu nous sauve des attaques de l'ennemi.

Car c'est à toi qu'appartiennent le règne, la puissance et la gloire pour les siècles des siècles. Amen.

La prière modèle de Jésus se finit par une phrase reprise de 1 Chroniques 29:11-12 qui est remplie de louange et de triomphe. Donc, nous pouvons finir notre prière en remerciant Dieu pour sa puissance et pour sa victoire dans les situations spécifiques pour lesquelles nous avons prié.

Termes utilisés dans le Nouveau Testament pour la prière

Après avoir vu l'enseignement de Jésus sur la prière et son exemple, nous pouvons maintenant étudier quelques termes utilisés dans le Nouveau Testament pour la prière.

La variété du vocabulaire utilisé pour décrire la prière dans le Nouveau Testament démontre la richesse de la vie de prière de la première église. Comme un commentateur l'a fait remarqué, « la prière était la respiration de la première église ».

Dans ce livre, nous allons bien sûr examiner le concept de la prière dans le Nouveau Testament et nous étudierons plus particulièrement les prières de Paul au chapitre six. Toutefois 1 Timothée 2:1 nous donne un exemple de certains types de prières rencontrées dans le Nouveau Testament et il sera utile d'en faire la revue ici :

> *J'exhorte donc, avant toutes choses, à faire des requêtes, prières, intercessions, actions de grâces, pour tous les hommes. (Version dite à la Colombe 1978)*

Ce verset peut être divisé en quatre sections :

La prière dans le Nouveau Testament

Deesis – requêtes
Le mot grec *deesis* contient l'idée de demander à cause d'un besoin ressenti. Ici le besoin est ce qui compte le plus et nous venons devant Dieu parce que nous avons un fardeau. Dans l'intercession nous devons nous identifier avec le besoin, même au point de le ressentir nous-mêmes. Nos prières devraient jaillir de cette identification et de ce sentiment de besoin.

Deesis apparaît 19 fois dans le Nouveau Testament et bien que ce mot puisse-t être traduit simplement par « prière », il porte souvent le sens plus spécifique de « pétition », comme c'est le cas dans Philippiens 4:6. *Deomai*, le verbe, signifie « demander » ou « chercher » et se fait l'écho de la puissante prière du juste dans Jacques 5:16.

Cela nous rappelle que la prière est aussi une requête pour nos besoins et pour ceux des autres.

Proseuche – prières
Le mot grec *proseuche* signifie « demander en dépendant de Dieu pour qu'il pourvoie ». Nous devons nous concentrer sur la capacité de Dieu à pourvoir et répondre à notre besoin.

Proseuche est utilisé 37 fois dans le Nouveau Testament. C'est le mot le plus généralement utilisé pour la « prière » et les « pétitions » adressées à Dieu, que la demande concerne celui qui prie ou d'autres personnes que lui-même. Le verbe *proseuchomai* couvre tous les aspects de l'invocation, y compris la requête, l'imploration, le vœu ou la consécration. En Grec ancien, on l'utilisait comme un terme technique pour dire qu'on invoquait une divinité.

Enteuxis – intercessions
Comme nous le verrons au chapitre quatre, le mot grec *enteuxis* (du verbe *entugchano*) est un terme technique pour décrire l'action de venir auprès d'un roi avec une pétition. Il contient aussi l'idée de représenter quelqu'un, de prier en faveur de quelqu'un.

La prière efficace

Eucharistia – actions de grâces

Dans la prière *eucharistia*, nous offrons nos remerciements à Dieu pour ses réponses à nos requêtes. Nous devrions remercier Dieu autant avant qu'après avoir reçu l'exaucement. L'action de grâce n'influence pas l'intention de Dieu de bénir. Elle intervient plutôt pour nous rendre plus capables de recevoir.

Nous pouvons voir dans ces quatre sections de 1 Timothée 2:1 une progression dans la prière:

- ◆ Vous commencez par ressentir le besoin
- ◆ Le Saint-Esprit vous montre ensuite que Dieu est capable de répondre à ce besoin
- ◆ Vous intercédez et priez pour que ce besoin particulier trouve réponse
- ◆ Finalement, vous entrez dans un temps d'action de grâce quand vous percevez une plus grande liberté qui indique que la réponse a été donnée

D'autres termes utilisés dans le Nouveau Testament concernant la prière.

Le Nouveau Testament utilise aussi un autre mot pour la prière, *aiteo*, qui signifie « demander », « faire une pétition ». C'est le mot utilisé dans 1 Jean 3:22. Ce verset promet aux croyants obéissants qu'ils peuvent recevoir de Dieu tout ce qu'ils demandent, quelle que soit la chose demandée.

Hiketeria n'apparaît qu'une seule fois dans le Nouveau Testament dans Hébreux 5:7 et signifie « supplication ».

Le mot grec *epikaleo* se retrouve également souvent dans le contexte d'appeler Dieu à l'aide ou d'invoquer son nom dans la prière, comme dans Actes 2:21.

Chapitre Trois

L'Esprit et la prière

Lorsque nous lisons ce qui concerne la vie de prière d'hommes tels que Moïse, Elie, Esdras, Daniel et Jésus, pour la plupart d'entre nous, la première question qui nous vient est: comment est-ce que je peux prier comme ces hommes? Nous voulons prier plus. Nous voulons prier avec plus d'efficacité. Nous voulons mieux connaître Dieu. Mais nous n'arrivons pas à imaginer comment ces désirs vont se réaliser.

Chaque fois que nous posons la question « comment », la réponse biblique est toujours la même: « Le Saint-Esprit. Il viendra sur vous. » Il n'y a pas de domaine où cela soit plus vrai que celui de la prière.

L'Esprit de prière
Nous avons montré dans le chapitre un que les prophètes, parce qu'il avaient l'onction de l'Esprit nécessaire, étaient les intercesseurs dans l'ancienne alliance.

L'Ancien Testament ne déclare pas explicitement que seuls ceux qui avaient reçu l'Esprit pouvaient intercéder. Mais les seules personnes qui y sont décrites comme ayant une activité d'intercession sont les prophètes. Or il est évident que dans l'Ancien Testament, les prophètes formaient le plus grand groupe de gens qui avaient reçu l'Esprit.

Zacharie 12:10
Zacharie 12:10 est le passage de l'Ancien Testament qui relie le plus explicitement l'Esprit et la prière: « Et je répandrai sur la maison de David et sur les habitants de Jérusalem un Esprit de grâce et de supplication. » (Plusieurs traductions modernes comme la Bible en Français Courant ou la version Parole de

La prière efficace

vie traduisent cette expression par « un esprit de – bonté ou bonne volonté – et de prière »).

En promettant qu'un jour viendra où l'Esprit de Dieu sera répandu, Zacharie répète une promesse commune dans les Ecritures dont Joël 2:28 est l'exemple le mieux connu. Toutefois, en précisant que l'Esprit de Dieu est « l'Esprit de prière », Zacharie projette l'ombre d'une chose à venir, une vérité qui n'est pleinement visible que dans le Nouveau Testament.

Jean 14: 13–17
Dans le récit du dernier repas, Jésus présente en parallèle l'exaucement potentiel de la prière et la venue du Saint-Esprit en révélant qu'ils sont indissociables.

Jésus fait la plus grande promesse en relation avec la prière aux versets 13 et 14. C'est dans ce contexte évident de la prière qu'il promet aux disciples qu'ils auront *allos parakletos*, un autre consolateur, qui sera avec eux pour toujours, l'Esprit de vérité.

Les mots grecs allos *parakletos* signifient que:

◆ L'Esprit est exactement comme Jésus

◆ L'Esprit est appelé à nos côtés pour nous aider en appelant

Certaines versions de la Bible traduisent *parakletos* par « aide » ou « consolateur », mais ces mots ne rendent pas sa fonction « d'appel » très claire. Toutefois, et c'est heureux, quelques versions modernes traduisent maintenant *parakletos* par « avocat », un mot français qui nous vient du latin advocatus et signifie « quelqu'un appelé vers un autre pour prendre son parti » ou « quelqu'un qui travaille et argumente en faveur de la cause d'un autre ». Cela suggère l'idée que l'Esprit est envoyé de Dieu à la fois pour nous aider à parler et pour parler en notre faveur.

Le Nouveau Testament met l'accent sur le fait que l'Esprit attire l'attention sur Jésus en nous aidant à parler prophétiquement et dans l'évangélisation. Toutefois, plusieurs passages révèlent aussi sa fonction dans la prière: il est l'Esprit de prière qui à la fois nous aide à prier et prie pour nous. Nous pouvons voir cela dans Romains 8:15, 26–27, Ephésiens 2:18, 6:18 et Jude 1:20.

Il nous fait crier « *Abba*, Père »

Dans Galates 4:5–6, Ephésiens 1:5 et Romains 8:15, le Nouveau Testament nous enseigne que Jésus est mort pour nous racheter et nous adopter dans la famille de Dieu. Parce que nous sommes devenus les fils et les filles du Père, Dieu a envoyé son Esprit dans nos vies et c'est l'Esprit qui nous rend capables de crier « *Abba*, Père ».

Paul dit implicitement que l'Esprit entre dans nos vies comme le don d'adoption de Dieu et qu'il nous aide à appeler Dieu par le nom de famille intime qu'utilisait Jésus.

Dans la langue araméenne, « Abba » est le premier mot de la prière modèle de Jésus de Matthieu 6. Cela signifie que nous ne pouvons vraiment vivre et prier la prière modèle qu'avec l'aide de l'Esprit. Nous ne pouvons pas dépasser le premier mot du Notre Père sans son assistance!

Il vient par la prière

L'Esprit est le don de Dieu pour nous. Il vient à nous afin que nous connaissions la présence de Jésus et que nous puissions la révéler au monde. Ce sujet est traité de manière exhaustive dans le livre de *l'Epée de l'Esprit* intitulé *Connaître l'Esprit*.

Pour l'instant, veuillez vous rappeler que Jésus a fait sa promesse dans Luc 11:13 (promesse que le Père donnerait l'Esprit à ceux qui le lui demanderaient), dans le contexte immédiat de son enseignement sur la prière. Dans Luc 11, le verset 13 est le sommet, la clef de voûte de la prière modèle de Jésus, de sa parabole sur la prière et de son enseignement sur la persévérance.

Cette association entre la venue du Saint-Esprit et la prière est soulignée par Luc dans ses deux livres, Luc et les Actes:

La prière efficace

- ◆ Jésus priait à son baptême lorsque l'Esprit est venu sur lui, Luc 3:21–22
- ◆ C'est quand les disciples priaient que l'Esprit est tombé sur eux, Actes 1:14 et 2:1–4
- ◆ Après son expérience sur le chemin de Damas, Saul a passé trois jours à prier et jeûner suite à quoi le Saint-Esprit l'a rempli, Actes 9:9–18
- ◆ C'est quand Corneille a prié et parce qu'il offrait des prières à Dieu que l'Esprit a été déversé sur lui, Actes 10:30–44.

Il nous aide à prier

Souvenez-vous, le mot de l'Ancien Testament pour l'intercession, *paga*, signifie « s'approcher pour plaider ». Nous avions suggéré que si les prophètes de l'Ancien Testament pouvaient intercéder devant Dieu, c'était uniquement parce qu'ils avaient l'onction de l'Esprit qui leur donnait le droit d'accéder au Père, devant sa face.

L'accès au Père

Ephésiens 2:18 montre que c'est l'Esprit qui nous donne l'accès dont nous avons besoin auprès du Père. C'est la mort de Christ qui a rendu la réconciliation possible entre Dieu et l'humanité, mais c'est l'Esprit qui nous rend capables de saisir l'occasion offerte par cette possibilité.

C'est la raison pour laquelle Ephésiens 2:18 décrit notre accès auprès du Père comme « par Christ, par le Saint-Esprit ».

Sans Jésus il nous est impossible de nous approcher du Père Sans l'Esprit nous sommes comme tout le monde, appelant le créateur de très loin, sans garanties qu'il répondra à nos requêtes.

Avec l'Esprit nous sommes comme les prophètes d'autrefois, capables de nous approcher de Dieu et de parler en privé au Père dans une conversation face à face.

Le courage de parler

Michée 3:8 nous montre que l'Esprit nous communique la force divine de parler. Le Nouveau Testament développe cette pensée en mettant l'accent sur la puissance du Saint-Esprit. Il souligne notamment le fait que le Saint-Esprit équipe les croyants dans le domaine de la parole. Actes 2:4 et 1 Corinthiens 2:4–5 illustrent ce principe.

Cet aspect de la puissance du Saint-Esprit rend notre témoignage ainsi que notre prière plus efficaces. Romains 8:26–27 montre qu'il nous aide en particulier lorsque nous nous sentons faibles pour prier.

Cela signifie qu'il nous donne:

- ◆ La force de résister aux tentations naturelles et démoniaques de ne pas prier
- ◆ L'énergie de nous mettre à genoux et de commencer à prier
- ◆ La force de persister dans la prière jusqu'à ce que nous ayons reçu la réponse de Dieu.

Recevoir les paroles justes

Romains 8:26–27 est un passage crucial concernant l'Esprit et la prière. L'Esprit Saint sait qu'il y a des moments où nous ne savons pas quoi prier. Il sait lorsque nous ne sommes pas certains de la volonté de Dieu pour une situation donnée et que nous ne pouvons pas prier avec clarté. Et il nous aide. Il prend la situation en main, avec nous et pour nous.

Il nous pourvoit des mots à dire. Cela fonctionne comme pour tous les discours inspirés de l'Esprit. Nous apportons l'intellect et les lèvres, lui nous apporte les paroles. Tout don de l'Esprit, toute prophétie donnée, tout ce qui est évangélisation ou prière, suit le même modèle.

Nous venons dans la faiblesse et l'ignorance et nous permettons à l'Esprit de parler à travers nous. Cela n'est pas automatique!

La prière efficace

Parfois le Saint-Esprit rappelle à notre subconscient un chant que nous avons chanté, un passage biblique que nous avons lu, une prière que nous avons entendue et il nous pousse à l'utiliser dans la prière.

A d'autres occasions, il nous presse d'utiliser les pensées qui nous viennent naturellement et de prier de manière improvisée. Parfois également, il travaille en nous de telle manière que nous sommes poussés à prier sans paroles, avec de profonds soupirs, comme si nous étions en travail pour enfanter quelque chose que nous ne pouvons pas comprendre.

Habituellement, l'Esprit nous donne les grandes lignes, le thème et les pensées, et nous remplissons avec les détails.

Il prie pour nous
Romains 8:26-27 nous montre que l'Esprit ne nous aide pas seulement à prier mais aussi qu'il prie pour nous, en notre faveur. Cela signifie qu'il y a un intercesseur divin qui habite en nous, qui à la fois nous enseigne à prier et prie pour nous, à nos côtés.

Entugchano
Romains 8:27 utilise le mot grec *entugchano* pour décrire la manière dont l'Esprit intercède pour nous. C'est exactement le même mot utilisé dans Hébreux 7:25 pour décrire l'intercession de Jésus dans les cieux pour les saints. Ce mot rare dans le Nouveau Testament souligne la vérité selon laquelle l'Esprit est comme Jésus. Ils font le même travail pour le même groupe de gens.

Entugchano ne signifie pas que l'Esprit ou le Fils supplient un Père qui se montre hésitant à donner quelque chose parce qu'il ne veut pas le donner. *Entugchano* signifie littéralement « remplir avec » avec l'idée d' « être autour ». Il signifie « intercéder pour » ou « plaider la cause de quelqu'un ».

Au ciel, Christ est « autour » de Dieu en notre faveur. Sa présence est la preuve que nous sommes acceptés. Il parle en notre faveur. Il demande ce que nous avons besoin chaque

L'Esprit et la prière

fois que nous en avons besoin. Il est toujours au bon endroit pour glisser un mot en notre faveur, chaque fois que cela est approprié.

C'est la même chose avec l'Esprit. Chaque fois que nous luttons sur cette terre, l'Esprit de Dieu est autour de nous en notre faveur. Lorsque nous agonisons dans la prière, il est là pour nous défendre. Nous ne sommes jamais sensés nous approcher de Dieu par nous-mêmes. L'Esprit vient avec nous comme notre avocat. Il exprime nos besoins les plus secrets, il s'assure que nos prières s'alignent parfaitement avec la volonté de Dieu et nous garantit que le Père entendra toujours nos requêtes, mêmes celles qui viennent du plus profond de notre coeur.

Il nous parle
Dans Jean 14:26, Jésus promet que le Saint-Esprit nous enseignera et nous rappellera tout ce que Jésus a enseigné. Dans Jean 16:13 Jésus déclare que l'Esprit nous conduira dans toute la vérité et nous annoncera les choses à venir. Par ces versets, Jésus montre clairement que l'Esprit nous parlera. Quand nous prions, il communique discrètement avec nous.

C'est exactement ce qui s'est passé dans l'Ancien Testament. Encore et encore, les prophètes montrent qu'ils entendent Dieu leur parler. «La parole de Dieu fut adressée» est la phrase qui est utilisée le plus souvent dans l'Ancien Testament, par exemple dans Jérémie 1:11, 18:1, 5, Ezéchiel 3:16, Jonas 1:1, Zacharie 1:1,7. Le texte de Jérémie 27:18 montre qu'écouter la parole de Dieu faisait partie intégrante de l'intercession des prophètes.

Les circonstances
Dieu ferme une porte et en ouvre une autre. Nous avons besoin d'être sensibles à sa direction et de le suivre par les portes que lui nous ouvre. Voir Actes 16:10.

La prière efficace

Les autres chrétiens
Nous avons besoin de permettre à nos convictions intérieures d'être testées par d'autres chrétiens. Si nos pensées viennent réellement de Dieu, d'autres personnes qui sont ouvertes à l'Esprit confirmeront cette direction. Voir Actes 6:1-6, 13:1-3 et 21:11-12.

La parole de Dieu
L'Esprit nous parle soit quand nous lisons la Bible, soit en nous faisant nous souvenir de passages que nous avons déjà lus. Ephésiens 6:17 décrit cette activité de l'Esprit dans le contexte de la prière de combat. Colossiens 3:16 décrit la parole de Dieu qui habite en nous dans « toute sa richesse » et « en toute sagesse ». Cela signifie que l'Esprit nous parle par notre large et profonde compréhension de la parole de Dieu, et non par la sélection, au hasard, d'un verset biblique isolé de son contexte.

En prière
Nous devons apprendre à reconnaître la manière particulière dont l'Esprit glisse ses directives dans nos pensées afin d'être prêts à agir sur la parole reçue. Beaucoup de gens trouvent utile de continuer à prier pour une situation jusqu'au moment où ils recevront une profonde paix intérieure par rapport à la volonté de Dieu sur cette question. Il ne s'agit pas d'une certitude intellectuelle qui vient d'un raisonnement humain mais d'une confiance concrète qui jaillit d'un authentique témoignage du Saint-Esprit nous permettant d'agir dans une joyeuse assurance.

Il nous donne une langue nouvelle
1 Corinthiens 12:10 montre que l'Esprit nous aide à prier en nous donnant le don des langues. Nous verrons cela plus en détail dans le chapitre neuf.

Pour l'instant nous devons réaliser que le but premier des langues est de nous aider à prier Dieu à un niveau différent de celui de notre pensée consciente.

L'Esprit et la prière

1 Corinthiens 14:14 suggère que nous n'utilisons pas notre intellect quand nous prions Dieu en langues mais plutôt que nous prions avec notre esprit. Certains ne se sentent pas à l'aise avec les langues parce qu'ils sont trop préoccupés par une approche consciente. Néanmoins quand nous parlons en langues, l'Esprit semble affecter et utiliser les pensées et les sentiments de notre esprit à un niveau subconscient.

Le don des langues peut être utilisé dans tous les domaines de la prière, dans la reconnaissance, la confession, la pétition, l'adoration, la supplication, l'intercession, le combat, la louange etc… Toutefois il semble qu'il y ait six domaines où la prière en langues soit particulièrement utile.

L'adoration
Prier en langues nous aide à exprimer notre amour pour Jésus de manière différente que le langage naturel nous permet de le faire. Nous avons des difficultés dans les relations humaines à trouver des manières plus créatives et chargées de sens pour dire « je t'aime ». Les langues nous aident à exprimer notre amour pour Dieu quand nous ne pouvons pas traduire nos sentiments par des mots.

L'intercession
Le don des langues est utile quand nous ne savons pas comment prier. Souvent il nous est demandé de prier pour des gens ou nous nous sentons poussé à le faire: mais nous n'avons pas la moindre idée de ce qu'il faut prier pour ces personnes. Quand nous prions en langues, l'Esprit intercède par nous selon la pensée de Dieu.

La percée
Le don des langues nous aide à percer dans la prière, spécialement dans la prière de combat. Lorsque la réponse de Dieu tarde à venir et que notre foi est faible, nous pouvons prier avec notre esprit. La foi de Dieu n'est jamais faible et

notre esprit est plus facilement sur la même longueur d'ondes avec la foi de Dieu que le sont nos pensées.

Dans des situations apparemment impossibles, quand l'opposition est grande ou les circonstances sombres, nos prières peuvent facilement devenir des déclarations de doute. Il y a des moments où les langues sont des plus utiles, car prier à partir de notre esprit nous remplit de la foi de Dieu. C'est quand nous sommes remplis de la confiance de l'Esprit que Dieu répondra à la prière et vaincra l'ennemi ou la difficulté.

Lamentation

Beaucoup d'entre nous éprouvent de la difficulté à se lamenter devant Dieu. Comment pouvons-nous exprimer notre angoisse par rapport à des événements comme un tremblement de terre, un avion qui s'écrase, une bombe terroriste, une épidémie, un meurtre? Comment pouvons-nous participer à l'agonie de Dieu? La prière en langues peut être une lamentation chargée de sens sur les horreurs indicibles d'un monde qui récolte les fruits du péché.

Reconnaissance

Comment notre propre langage naturel peut-il adéquatement exprimer notre reconnaissance, suite à la guérison ou à la conversion d'un ami proche? Un « merci » ne correspond plus. Une prière en langues pourrait être plus appropriée. Nous savons alors que nous avons exprimé notre reconnaissance du fond de notre être.

Préparation

1 Corinthiens 14:4 montre que la prière en langues nous édifie, elle fortifie notre esprit. L'expérience de beaucoup de croyants démontre qu'une prière en langues régulière, fréquente et consistante a beaucoup contribué à les transformer. De personnes dont le témoignage était inefficace, ils sont devenus des personnes dont le témoignage apporte des résultats durables. Peut-être que la prière en langues, comme

le jeûne est une version spirituelle de l'exercice musculaire des pompes.

Prière dans l'Esprit

Jude 1:20 et Ephésiens 6:18 décrivent les croyants comme « priant par (ou dans) l'Esprit ». Toute vraie prière est offerte dans l'Esprit mais Ephésiens 6:18 laisse entendre qu'il y a un aspect de la prière dans l'Esprit spécialement orientée vers le combat. Nous le verrons en détails dans le chapitre sept.

Ephésiens 6:10–17 décrit l'armure de Dieu. Ephésiens 6:18 décrit l'activité dans laquelle nous nous engageons quand nous sommes équipés avec cette armure. La prière dans l'Esprit est notre point de contact avec l'armée du mal. C'est le champ de bataille.

Dans Esaïe 59:15–19, le Seigneur est consterné en s'apercevant qu'il n'y a personne pour intercéder par rapport au mal et il décide d'intervenir personnellement. Mais notez comment Dieu s'équipe d'abord lui-même, et appréciez les promesses faites aux versets 19–21!

Beaucoup d'entre nous ont expérimenté des temps de prière assez longs où le Saint-Esprit a conduit le groupe dont nous faisions partie à prier avec une intensité, une autorité, une confiance et une persévérance inhabituelles. Ou peut-être avons-nous expérimenté un temps de prière libre et intense où le Saint-Esprit a pu diriger les prières au point que le temps semblait s'être arrêté. Ce sont là les prières qui méritent d'être étiquetées « prière dans l'Esprit ».

Chapitre Quatre

L'intercession

De manière générale, le mot intercession est compris comme une prière à Dieu pour quelqu'un d'autre que nous-mêmes. Néanmoins, cela peut suggérer que l'intercession est comme toutes les prières, la seule différence étant qu'il s'agit d'une prière pour les autres. Les « autres » seraient alors la marque distinctive de ce type de prière. Mais cette définition de l'intercession en diminue la force car il s'agit d'une sorte de prière unique et puissante.

Le mot français « intercession » vient du latin intercedo qui signifie « venir entre ». Le principe de l'intercession, c'est que nous nous tenons entre Dieu et une autre personne, en les représentant et en plaidant leur cause. Le rôle de l'intercesseur est similaire à celui d'un avocat ou d'un médiateur.

Les avocats bibliques connaissaient la culture et le tempérament à la fois de la personne qu'ils représentaient et du souverain auquel ils s'adressaient. Ils venaient se placer aux côtés des deux parties. Ils n'avaient pas besoin de ramper ou d'user de manipulation pour entrer dans la présence du roi, car celui-ci les connaissait déjà.

La même chose est vraie pour nous. Nous nous approchons de Dieu dans l'intercession à cause de notre relation intime avec lui. En nous tenant avec assurance devant lui, nous le prions en ce qui concerne les besoins et les préoccupations d'autres personnes.

L'intercession dans l'Ancien Testament
Exode 32:30 à 34:35 nous montre des exemples étonnants d'intercession biblique. Lisez avec attention et saisissez le sens des points suivants qui sont typiques de l'intercession biblique.

La prière efficace

- ◆ Moïse était impliqué dans une confrontation, un face à face avec Dieu en faveur d'autres personnes.
- ◆ Il plaidait pour que la gloire de Dieu soit vue.
- ◆ Il a reçu une mission à accomplir et un message à proclamer.
- ◆ Il a dû persister dans son intercession. Il a invoqué le nom du Seigneur.
- ◆ Le coût personnel impliqué par cette prière a été énorme.
- ◆ Il a été transformé lui-même suite à son intercession.

Paga

Paga est le mot hébreu qui est habituellement traduit par «se tenir entre et devant» et « s'approcher avec violence ». *Paga* est utilisé dans plusieurs autres sens que celui de l'intercession dans l'Ancien Testament. Ces autres significations nous aident à comprendre l'intercession.

La frontière

Paga est utilisé dans Josué 19:11, 22, 26, 27 et 34 comme le mot décrivant la frontière entre les territoires accordés aux tribus. La tribu pouvait aller jusqu'à sa *paga* et pas plus loin. La plupart des combats entre tribus étaient des tentatives de traverser cette frontière ou de la faire reculer.

Cette utilisation du mot suggère que l'intercession se vit sur le front de la bataille. Dans ce sens elle suppose que nous faisons reculer la ligne de front, jusqu'à ce que nous ayons atteint les limites de ce que nous pouvons faire dans la prière.

Dans Genèse 18:16–33, quand Abraham eut fini d'intercéder, le dossier était clos. Il est retourné chez lui pour attendre le verdict. Il avait atteint sa frontière spirituelle.

L'intercession

Une prière violente

Paga est aussi utilisé dans Juges 8:21, 15:12, 1 Samuel 22:17-18, 2 Samuel 1:15 et 1 Rois 2:35, 29, 31, 32, 34, 46 pour décrire des rencontres marquées par la violence dont certaines finir par provoquer la mort.

C'est ce même mot qui décrit notre rencontre avec Dieu dans la prière. Cela nous montre que l'intercession n'est pas une activité tranquille ni confortable, mais une intervention coûteuse et souvent violente.

Dans Jérémie 7:16, *paga* est comparé avec d'autres formes de prière. Jérémie avait reçu l'ordre de ne pas *palal* (prier de manière courante) pour le peuple. Ensuite il lui a été demandé de ne pas *rinnah* (crier à voix haute) pour eux. Ensuite il lui a été demandé de ne pas *tephillah* (apporter une supplication ou des chants de louange) à leur sujet. Finalement, au bout du compte Jérémie reçut l'ordre de ne pas *paga* pour eux. Il ne devait pas lutter avec violence avec Dieu en leur faveur.

Jérémie 7:16 peut être aussi vu comme une révélation de la manière dont la prière progresse habituellement à partir de niveaux plus bas, plus généraux de prière jusqu'à des niveaux plus élevés, intenses et efficaces d'intercession. Cela implique habituellement le fait d'apporter nos besoins devant Dieu, nous conduit à des temps de pleurs intenses devant Dieu, se développe comme une supplication mêlée de louanges et de reconnaissance et atteint son point culminant dans une violente intervention dans le domaine de l'Esprit.

Supplier

Paga est utilisé pour décrire la forme la plus forte de demande dans l'Ancien Testament. Il est souvent traduit par « implorer ». Il signifie supplier pour quelque chose dont on a désespérément besoin. Dans Genèse 23:8, Abraham a demandé aux fils de Heth de paga pour un sépulcre. Et dans Ruth 1:16, Ruth a dit à Naomi de ne pas lui *paga* de retourner en arrière.

La prière efficace

Les prophètes
Les prophètes étaient des hommes de prière et les intercesseurs de l'Ancien Testament. L'onction qu'ils avaient de l'Esprit leur donnait accès devant la face de Dieu, ce qui était essentiel pour cette œuvre.

- ◆ Genèse 20:7, la première référence à un prophète, révèle ce lien entre la prophétie et l'intercession.
- ◆ Jérémie 27:18 présente l'intercession comme faisant partie du vrai service d'un prophète.
- ◆ Exode 18:19 rapporte la proposition de Jéthro à Moïse de faire de l'intercession sa priorité.
- ◆ Nombres 27:5 montre que Moïse a mis ce conseil en pratique.
- ◆ Esaïe 59:16 montre que Dieu était attristé par l'absence de prophètes qui intercèdent auprès de lui.
- ◆ Joël 2:28-29 promet qu'un jour tout le peuple de Dieu prophétisera, et par conséquent tous seront capables d'intercéder.

Les prophètes de l'Ancien Testament avaient besoin de recevoir soit la parole du Seigneur ou l'Esprit du Seigneur avant de pouvoir prophétiser. Ils n'osaient pas prendre l'initiative d'un message prophétique. Ceci s'appliquait aussi à l'intercession.

Jérémie 27:18 montre que les prophètes qui avaient reçu la parole du Seigneur étaient ceux qui étaient censés intercéder. Cela suggère que nous ne devrions pas choisir l'objet ni le moment de notre intercession. Nous ne devrions intercéder que sur l'ordre de Dieu, et seulement sur les sujets qui nous sont révélés par sa parole ou par son Esprit.

L'intercession dans le Nouveau Testament
Le mot grec *enteuxis* est usuellement traduit par « intercession » dans le Nouveau Testament. Dans l'usage courant, ce mot décrit une pétition faite à un roi à propos

L'intercession

d'une autre personne. Il a été intégré au vocabulaire de l'Eglise pour décrire l'idée vétéro-testamentaire de la prière *paga*.

Enteuxis est un mot un peu plus doux que *paga*. *Enteuxis* ou les mots qui en dérivent, comme le verbe *entugchano*, apparaissent huit fois dans le Nouveau Testament:

Hébreux 7:25 et Romains 8:34 décrivent l'œuvre de Christ comme l'intercesseur éternel pour les saints, en accomplissement de Esaïe 53:12. Nous avons regardé ces passages dans le chapitre deux.

Romains 8:26-27 nous montre que l'œuvre du Saint-Esprit dans l'intercession est l'accomplissement partiel de Zacharie 12:10. Nous avons examiné ce passage dans le chapitre trois.

Actes 25:24 utilise le mot *entugchano* dans sa signification courante. Festus déclare que toute la communauté juive intercède devant lui, « en s'écriant » (protestant à voix haute). L'intercession n'est pas nécessairement une activité calme, privée ou ordonnée! Les Juifs intercédaient tous simultanément devant Festus pour obtenir la mort de Paul. Ceci nous fait revenir au lien qui existe dans l'Ancien Testament entre l'intercession et la violence. Ce n'est pas toujours utile que les gens prient dans une belle ordonnance les uns après les autres selon un mode fixé à l'avance. Dieu entend toutes nos prières même si nous prions tous en même temps!

1 Timothée 4:5 renforce le lien que l'on trouve dans l'Ancien Testament entre la parole de Dieu et l'intercession. La nourriture était sanctifiée par la parole et par l'*enteuxis* (la prière). Certains chrétiens croient qu'ils ont la responsabilité générale de prier pour le monde entier. Ce n'est pas le cas. Nous devons nous limiter dans notre intercession aux affaires que Dieu nous a spécialement confiées. Nous n'avons pas un devoir général d'intercession. Nous avons seulement un devoir particulier de prier pour les choses que Dieu nous soumet.

Le résultat de l'intercession dans 1 Timothée 4:5 était une transformation totale. La nourriture qui avait été jugée inacceptable devenait sainte, mise à part pour Dieu. La consécration des saints devrait être un sujet d'intercession.

La prière efficace

Nous devrions nous engager dans l'intercession pour susciter la mise à part du peuple de Dieu pour un service utile.

Dans 1 Timothée 2:1, Paul parle de quatre types de prière : les supplications (*deesis*), les prières (*proseuche*), les intercessions (*enteuxis*) et les actions de grâce (*eucharistia*). Nous avons examiné ce passage au chapitre deux.

Romains 11:2 se réfère à l'intercession d'Elie dans 1 Rois 19:10-18 et il s'agit ici d'une plainte concernant la conduite d'Israël. Elie espérait un certain résultat suite à sa prière mais au lieu de cela il a reçu une révélation : Dieu n'allait rien faire à ce sujet ! C'était à Elie de faire quelque chose !

Dieu répond souvent de manière inattendue. Nous intercédons devant Dieu pour qu'il fasse quelque chose et il répond en nous donnant l'ordre de faire nous-mêmes quelque chose. Cela signifie que nous devons écouter tout en intercédant et être prêts à recevoir nos instructions de la part de Dieu. Souvent ces instructions impliqueront un défi et un appel coûteux à changer.

L'intercession aujourd'hui
L'intercession est l'expression naturelle d'une vie remplie et débordante de l'amour de Dieu. Dans Jean 13:34-35, Jésus a enseigné que nous devons nous aimer les uns les autres comme il nous a aimés. Aujourd'hui il exprime son amour pour nous en intercédant pour nous. C'est pourquoi, si nous voulons aimer comme lui, l'intercession doit être une priorité dans notre vie.

Une expression d'amour
L'intercession et l'amour sont inséparables. Cela signifie que le niveau de notre intercession est une mesure de notre amour. Nous redécouvrons tous un nouveau zèle pour la prière et une nouvelle profondeur chaque fois que nos enfants sont malades ou en difficulté. Pourquoi ? Parce que nous les aimons.

Matthieu 7:12, Luc 10:25 à 28 et 1 Jean 4:7-21 demandent que nous aimions nos frères et sœurs. L'intercession est fréquemment la manière la meilleure et la plus utile d'exprimer cet amour. Il y a une limite naturelle au nombre de gens que l'on peut aider pratiquement mais il n'y a pas de limite au nombre de personnes que nous pouvons aider dans la prière.

Cette intercession inspirée par l'amour a un effet secondaire. Quand nous prions pour que les autres soient changés, nous sommes changés nous-mêmes. Le principe scripturaire selon lequel « ceux qui pardonnent aux autres reçoivent eux-mêmes le pardon » s'applique à l'intercession. Alors que nous déversons nos vies dans un amour céleste et une sainte intercession, nous sommes lavés, purifiés et renouvelés.

La discipline de l'intercession nous amène inévitablement à maîtriser notre langage. En intercédant devant Dieu pour qu'il bénisse d'autres personnes, en lui demandant de les remplir de la connaissance de son amour, de les délivrer des circonstances qui les rendent captifs, ces pensées deviennent partie intégrante de nos attitudes et de nos désirs pour les autres.

Il n'y a rien qui puisse nous pousser à aimer quelqu'un autant que de prier pour cette personne. Quand nous commençons à intercéder pour quelqu'un, il est difficile de ne pas être en paix avec lui. Dans l'intercession, nous permettons progressivement à Dieu de cimenter son amour entre nous et ceux pour qui nous prions. Ces liens ne se tissent pas sur les critères d'affinité du monde, mais par une communication mutuelle de bénédictions spirituelles dans la prière.

L'importance de s'identifier

En Europe occidentale nous sommes instruits à nous appuyer sur notre intellect. Le raisonnement et la connaissance basée sur l'observation sont si élevés dans notre système de valeurs que nous pouvons trouver difficile de nous impliquer nous-mêmes émotionnellement pour les autres et de nous identifier avec eux dans leurs besoins. Mais nous ne pouvons pas entrer dans l'intercession authentique sans une réelle identification, qui se développe à partir d'un amour vrai.

La prière efficace

En fait, l'efficacité de notre intercession dépend de la force de notre identification.

S'identifier au besoin

La vraie identification spirituelle n'est pas quelque chose qui vient de nos émotions ou de notre âme mais qui vient du Saint-Esprit. S'identifier signifie s'impliquer dans les problèmes des autres. Or la plupart d'entre nous avons tendance à réagir contre cela. Nous ne voulons pas ressentir les fardeaux des autres. Or nous devons mettre à mort ces réactions naturelles de nos sentiments humains.

En nous impliquant de cette manière, nous coopérons avec Dieu. Notre esprit, notre âme et notre corps se soumettent à Dieu et nos intercessions peuvent ainsi être utilisées par le Saint-Esprit. Une fois que nous nous sommes soumis de cette manière, nous commençons à nous identifier surnaturellement et à nous revêtir des sentiments associés à la situation pour laquelle nous prions.

S'identifier avec ceux qui sont dans le besoin

L'intercession se concentre sur les autres. Alors que nous pensons à eux intensément et que nous nous identifions à leurs besoins, nous commençons à nous charger de leur douleur et de leur fardeau. En apprenant à prier, notre identification grandit et s'approfondit et souvent le Saint-Esprit placera sur nous un fardeau qui nous mettra «en travail».

Etre sensible au fardeau d'intercession

Une fois que nous sentons une profonde identification au besoin, nous devons nous y attacher et prier pour le fardeau. Nous pouvons ne pas comprendre le besoin avec notre intellect mais en nous identifiant avec les personnes qui sont dans ce besoin, nous ressentons souvent le besoin dans notre esprit et nos émotions.

Persévérer

Entre le moment de l'incitation initiale à l'intercession et le moment où nous atteignons le point de l'intercession efficace, nous pouvons prendre un certain temps, ou plusieurs mois. En grandissant spirituellement, l'intercession peut commencer à couler plus aisément. Mais il y a toujours des défis, car l'intercession est entourée par le combat spirituel.

La prière d'intercession implique la persistance, à savoir prier pour la percée jusqu'à ce qu'il y ait une libération ou un témoignage dans l'Esprit que la chose est «accomplie». Il y a souvent une grande agonie dans l'Esprit jusqu'à ce que la percée vienne. Un sujet qui nous préoccupe dans l'intercession est rarement complètement résolu en cinq minutes et nous devons être prêts à persévérer, parfois pendant des années. Nous devrions continuer à prier jusqu'à ce que nous ressentions une libération, indiquant que le fardeau est ôté, ce qui est souvent associé à un sentiment de joie, de louange et de reconnaissance.

Lorsque nous portons la prière à ce niveau il y a souvent une résistance de l'ennemi. Nous pouvons avoir une impression de lourdeur quand nous commençons à prier. Le combat spirituel peut être nécessaire avant que la percée puisse venir. Nous verrons cela dans le chapitre sept.

Une localisation céleste

Rappelez-vous que toute intercession prend place dans les « lieux célestes ». Si nous sommes censés intercéder, nous devons entrer dans le monde spirituel.

Nous savons qu'actuellement Jésus vit dans les cieux et intercède pour nous. Son temps sur la terre était en partie une préparation à son ministère céleste d'intercession. Néanmoins Éphésiens 2:6 nous montre que nous partageons déjà maintenant sa position céleste, ce qui signifie que nous pouvons prier en réalisant que notre place est à la droite du Père.

La prière efficace

Dans le livre de Job, Job avait réellement besoin que quelqu'un se tienne entre lui et Dieu et plaide sa cause dans les lieux célestes. Pourtant ses amis n'intercédaient pas ou ne se tenaient pas à ses côtés dans sa souffrance. Ils l'accusaient plutôt d'avoir péché et ils avaient du jugement à son égard. Dans sa solitude, Job soupirait après un avocat ou un médiateur qui puisse intercéder devant Dieu pour sa cause. Job avait plein d'accusateurs mais il lui manquait un intercesseur.

Il y a beaucoup de gens autour de nous aujourd'hui qui sont dans la position de Job. Ils n'ont personne pour plaider leur cause devant Dieu et sont dépendants de l'église pour qu'elle intercède pour eux. Les vrais intercesseurs sont sensibles à ses situations de « Job » où la défense n'est pas représentée.

Etapes dans l'intercession

Il y a toujours tellement de sujets de prière et souvent nous ne savons pas par quel bout commencer. Nous avons besoin des instructions de Dieu. Nous avons besoin de l'entendre pour savoir pour quel sujet il veut que nous priions. Pouvoir partiellement s'identifier aux besoins du monde n'est pas suffisant. Nous avons aussi besoin d'avoir un sens de l'appel de Dieu à prier pour un sujet spécifique à un moment précis. La révélation de l'ordre du jour que Dieu a pour nous est en fait le point de départ de la prière.

Attendre d'avoir une compréhension de la volonté de Dieu Point n'est besoin une révélation totale avant de commencer à prier car l'Esprit nous conduira et nous conseillera sur la manière de prier. Mais il nous faut tout de même une appréhension générale de la volonté de Dieu qui donne une direction à notre prière. La prière ne consiste pas à présenter nos propres idées à Dieu, il s'agit plutôt de nous conformer à sa volonté et ses buts.

Daniel 9:1–20 nous montre comment Daniel a reçu la révélation de Dieu avant de prier. Il a compris d'après Jérémie

25:11–12 et 29:10 que la captivité durerait soixante-dix ans et il savait que le temps de la libération approchait. Il n'est pas resté sans rien faire à attendre que les choses se passent d'elles- mêmes mais, connaissant la volonté de Dieu, il s'est tourné vers l'intercession, une intercession qui impliquait une confession à la fois personnelle et représentative.

1 Rois 17:1 à 18:46 et Jacques 5:17–18 révèlent le lien qui existe entre l'intercession et la prophétie. Les nombreuses déclarations prophétiques adressées à Achab devaient être portées dans la prière. Cette prière était faite autant avant de parler à Achab, pour recevoir le courage de parler, qu'après lui avoir parlé, pour s'assurer que ces paroles étaient soutenues par une prière victorieuse. Elie travaillait avec Dieu par l'intercession et la prophétie. Il recevait des révélations puis les priait pour qu'elles viennent à l'existence, qu'elles passent du monde invisible au monde visible.

Tous les messages prophétiques ne se réalisent pas automatiquement. Nous avons la responsabilité de prier jusqu'à ce qu'ils soient accomplis. Parfois l'accomplissement d'une prophétie peut être évité par la prière et la repentance.

Dans Jonas 3:1–10, la vraie parole de jugement ne s'est pas accomplie parce que les gens se sont repentis et ont cherché Dieu. Néanmoins un siècle plus tard le livre de Nahum rapporte que Dieu a bel et bien détruit les gens de Ninive après qu'ils étaient retournés à leur méchanceté.

Prier la Parole de Dieu
La Bible est notre livre de prière. Elle révèle la volonté de Dieu. Nos prières doivent donc se conformer à cette révélation. Le Saint-Esprit soulignera souvent un passage de la Bible, nous donnant ainsi une direction pour la prière. C'est probablement ce que Paul voulait dire dans Ephésiens 6:17: l'Esprit attire notre attention sur un passage de l'Ecriture qui est la parole de Dieu pour la situation à laquelle nous faisons face. Nous sommes alors appelés à prier ce texte de l'Ecriture en l'appliquant à nos

La prière efficace

circonstances jusqu'à ce que celles-ci se conforment à la réalité de la parole reçue.

Quand nous prions les Ecritures, nous devons faire attention de ne pas sortir un verset de son contexte. Nous devons aussi veiller à ne pas utiliser un raisonnement humain qui ne serait pas secondé par le Saint-Esprit.

Prier la Parole de Dieu ne consiste pas juste à venir devant Dieu avec un besoin pour ensuite trouver un verset «approprié» à ce sujet. C'est Dieu qui nous donne des versets particuliers à utiliser à des moments précis. Nous devons continuer à lui demander une compréhension de sa volonté et persévérer dans l'attente que cette compréhension vienne. Parfois, l'Esprit souligne un verset particulier quand nous lisons la Bible, ou soudain il nous pousse à nous rappeler d'un verset que nous avons lu, peut-être plusieurs années auparavant.

Une fois que nous avons un verset de l'Ecriture ou un passage dont nous sommes assurés qu'il correspond à la volonté de Dieu, nous ne devrions pas nous en écarter. Ces textes de l'Ecriture donnés par Dieu sont particulièrement importants dans la vie d'une église. Tous les membres de l'assemblée peuvent s'unir dans la prière en suivant des mêmes lignes directrices par rapport à une situation spécifique.

Utiliser les dons de révélation de l'Esprit

Tous les dons de révélation de l'Esprit opèrent dans l'intercession. Ces dons sont des outils d'une valeur inestimable que le Saint-Esprit nous accorde pour nous aider à nous conformer et à rester attachés à sa direction dans l'intercession.

- ◆ Les langues sont une façon utile de prier lorsque nous ne comprenons pas clairement comment prier. Parfois nous recevons une nouvelle révélation en priant en langues et nous avons une plus grande compréhension de la situation lorsque nous revenons à la prière par l'intelligence.

- ◆ L'interprétation des langues nous est donnée pour

L'intercession

nous aider à comprendre ce que nous prions lorsque nous prions en langues.

◆ La prophétie est donnée pour la révélation et la direction dans la prière.

◆ Le discernement des esprits est donné pour nous aider à comprendre comment le Saint-Esprit nous conduit dans l'intercession, aussi bien que de comprendre comment le diable travaille dans la situation pour laquelle nous prions.

◆ La parole de connaissance est donnée par révélation pour nous informer de manière spécifique sur la situation pour laquelle nous prions.

◆ La parole de sagesse est donnée pour montrer comment procéder dans l'intercession et comment utiliser une quelconque révélation. Nous avons besoin de nous demander si Dieu nous a donné une information destinée à la prière ou destinée à être partagée. Nous avons besoin de l'autorisation de Dieu pour partager cette révélation.

En plus du fait d'être sensibles aux « dons de révélation » de l'Esprit, les intercesseurs devraient être ouverts aux « dons de puissance » qui sont le don de foi, le don d'opérer des miracles et les dons de guérison. Dieu rend souvent les intercesseurs capables d'être des instruments surnaturels et miraculeux dans les situations pour lesquelles ils prient.

Les caractéristiques communes de l'intercession
Des prières à voix haute
Nous avons vu que l'*enteuxis* naturelle d'Actes 25:24 impliquait beaucoup de bruit. Souvent quand nous sommes conduits par l'Esprit nous expérimentons de grands crescendos dans la prière. Toutefois nous ne sommes jamais entendus de Dieu à cause du volume sonore de notre prière ou *à cause* d'une quelconque manière de prier. Nous sommes entendus par

La prière efficace

Dieu seulement à cause de l'état de notre cœur et de notre foi en Jésus-Christ.

Néanmoins nous ne devons pas utiliser cette raison comme une excuse pour justifier une timidité humaine ou des inhibitions culturelles. Certaines personnes ne prient pas à voix haute parce qu'elles ont peur. Mais d'autres personnes crient souvent dans la prière parce qu'elles sont motivées par la chair ou influencées par une habitude liée à leur culture. Il s'agit d'un domaine où nous devons tous examiner nos cœurs car c'est notre motivation intérieure qui compte.

Des prières silencieuses
Néhémie 2:4–5 est un exemple d'intercession silencieuse. Nous pouvons prier et invoquer Dieu à n'importe quel moment même lorsqu'il n'est pas approprié de prier à voix haute. Nous avons accès à Dieu, que notre prière soit audible ou silencieuse.

La louange, l'adoration et la reconnaissance
La louange et l'adoration sont à la fois puissantes et efficaces au moment de la prière. Nous devons veiller à remercier et louer Dieu pour ce qu'il fait après chaque moment de prière.

Travailler dans la prière
La mort de Christ a accompli pour les croyants beaucoup de choses qui sont enfantées, c'est-à-dire amenées à l'existence dans le monde naturel, par la prière d'intercession. Par sa vie, sa mort et sa résurrection Jésus a produit les réalités spirituelles de la nouvelle création: il a sauvé l'humanité de l'emprise de Satan; il a apaisé la colère de Dieu et délivré l'humanité du péché, de la maladie et de la mort; il a pourvu à la santé mentale, émotionnelle et physique, il a donné un exemple de la manière idéale de vivre et mourir pour tous les humains et a donné naissance à une nouvelle création qui peut reproduire la nature divine. Mais le bénéfice et la joie résultant de l'expérience de beaucoup de choses précitées dépendent souvent d'une prière de combat et d'enfantement.

L'intercession

Dans Romains 8:22-23, Paul écrit sur la création qui soupire ou qui est en travail, dans les douleurs de l'enfantement. Toute la création présente soupire profondément après la création à venir.

Ceux qui ont les prémices de l'Esprit ont un avant-goût de la nouvelle création si bien que nous gémissons dans la prière, comme pour un enfantement, en attendant l'adoption et la rédemption de notre corps.

Ce soupir fait allusion à Exode 2:23-25 où les esclaves Israélites gémissaient devant Dieu à cause de leurs douleurs: ils rappelaient à Dieu la différence entre ses promesses liées à son alliance et leur expérience présente.

Nous savons ce que nous avons expérimenté dans et par l'Esprit. Nous savons ce que la mort de Christ a accompli et ce que Dieu a promis. Et donc nous agonisons dans la prière pour que ces choses soient amenées à l'existence, pour qu'elles soient réalisées dans nos vies et dans la vie des membres de notre église.

Nous ne pouvons pas forcer ce genre d'intercession. C'est plus profond que des prières dans notre propre langue. C'est plus profond même que d'intercéder en langues. Dans ce travail de l'enfantement, le Saint-Esprit prend entièrement le contrôle. Tout ce que nous pouvons faire, c'est de nous soumettre à ces soupirs intérieurs. C'est une puissante manière de prier.

La prière et le jeûne
Nous examinerons ce sujet dans le chapitre neuf mais il est important de noter que le jeûne est une aide à la prière. C'est un moyen de donner de la force à nos prières. Marc 9:29 montre qu'il y a certaines situations où l'adversaire ne cédera pas de terrain sans une prière et un jeûne prolongés. Certains ont suggéré que du fait que la phrase « et du jeûne » n'est pas incluse dans la totalité des premiers manuscrits d'origine de ce texte, le jeûne n'est pas une partie importante de l'enseignement de Jésus sur la prière. Même si nous concédons que cette phrase

La prière efficace

est une addition tardive, il n'en reste pas moins qu'elle reflète avec exactitude la pratique de la première église. Elle peut donc être considérée ici comme implicite. Actes 10:30, 13:2–3, 14:23 et 1 Corinthiens 7:5 sont justement des passages qui montrent que la prière avec le jeûne était au coeur de la vie de la première Eglise.

Le résultat

Ce qui est manifesté est le fruit de l'intercession. Nous prions pour obtenir un résultat. Notre but est d'avoir cent pour cent de nos prières exaucées. Nous devons continuer à prier jusqu'à ce que nous sentions une libération dans notre esprit. Si Dieu nous appelle à persister dans la prière, nous ne devons pas nous arrêter trop vite!

Si nous avons entendu Dieu nous parler et si nous avons prié jusqu'au bout, nous devrions chercher à connaître le résultat de nos prières. Nous devons faire une évaluation réaliste de nos requêtes et nous attendre à voir quelque chose se passer suite à ces prières. Toutefois, les intercesseurs ne verront pas toujours eux-mêmes les fruits de leur prière. La plupart d'entre nous devrons attendre d'être au ciel pour voir le fruit complet de ce que pourquoi nous avons prié.

Mais nos intercessions trouveront souvent réponse d'une manière visible comme dans Marc 9:28–29 et 1 Rois 18:41–46.

Intercéder avec d'autres

Il est important que nous priions avec d'autres personnes afin que la force et la puissance collective de l'église soient libérées. Cela nous permettra également de rester ouvert à la correction. Ainsi, nous resterons dans la bonne ligne et nous ne nous retrouverons pas sur une voie dangereuse.

La loi du commun accord

Dans Matthieu 18:18–20, Jésus tire de Deutéronome 19:15 le principe selon lequel une affaire se règle sur la déposition

L'intercession

de deux ou trois témoins, principe également suivi dans 2 Corinthiens 13:1.

La prière d'un même accord est le fait de s'unir ensemble en pensée et de cœur concernant la volonté de Dieu dans une situation. Quand nous prions ensemble, en accord avec la volonté de Dieu, il multiplie l'efficacité de notre prière.

Matthieu 18:18 utilise une forme participe inhabituelle de futur antérieur à la voix passive que l'on peut le mieux traduire par «tout ce que vous lierez sur la terre aura été lié dans le ciel et tout ce que vous délierez sur la terre aura été délié dans le ciel.»

Cela signifie que lorsque nous prions pour que quelque chose soit amené à l'existence sur la terre nous ne pouvons le faire que si cette chose a déjà fait l'objet du dessein et de l'accord de Dieu dans le ciel. C'est ce qu'on appelle prier d'un commun accord. D'abord nous découvrons les choses qui sont planifiées et accomplies dans les buts de Dieu et ensuite nous prions pour que ces choses soient « faites sur la terre comme elles le sont au ciel », comme Jésus nous a enseignés à le faire dans Matthieu 6:20.

Le ministère d'aide
L'intercession est un ministère de soutien qui élève les mains des leaders, tout à fait comme Aaron et Hur ont aidé Moïse dans Exode 17:12.

En tant qu'intercesseurs, nous avons la responsabilité particulière d'élever nos leaders devant Dieu et de prier et combattre en leur faveur. Lorsque nous prions pour nos leaders nous devons les soutenir dans leur tâche. Par exemple quand Aaron et Hur soutenaient les bras de Moïse, ils soutenaient son appel et son autorité.

Si les leaders doivent être au bénéfice d'un solide soutien de prière, ils doivent faire attention de ne pas se dérober devant leur propre responsabilité de prier et de ne pas fuir l'appel qu'ils ont reçu dans ce sens.

Un leader doit être un homme ou une femme de prière et

La prière efficace

prendre la direction dans le domaine de la prière. Les leaders doivent savoir qu'ils ne peuvent pas déléguer la prière. Ils doivent être des modèles de prière.

Nous devons nous assurer que nous gérons avec attention toute révélation ou discernement que l'Esprit nous donne. Malheureusement beaucoup de divisions d'église sont nées de groupes de prières dissidents qui s'étaient peut être au départ réunis pour prier pour le leader mais ont fini par maltraiter la révélation que Dieu leur avait donnée. Ils n'ont pas compris leur appel à servir et ont usurpé l'autorité des leaders en leur donnant des directives et en usant de manipulation.

Nous avons besoin de nous assurer que tout au long de notre vie d'intercesseur, nous soutenons et servons ceux qui sont nos conducteurs.

Tout le corps
Actes 12:5–7 illustre la puissance qui réside dans le corps de Christ. Quand le corps se rassemble pour prier, la puissance qui découle de cette unité est multipliée.

L'intercession n'est pas un appel ou un don réservé à un nombre restreint de personnes. Elle est fondamentalement exigée de tout membre du corps. Même si les prophètes étaient des intercesseurs spéciaux de l'Ancien Testament, il n'est pas correct de supposer qu'il y a des intercesseurs particuliers aujourd'hui.

Depuis la Pentecôte, tous les croyants ont été appelés à intercéder. Il n'y a aucune mention dans le Nouveau Testament d'un don spécial d'intercession ou d'un ministère de prière, c'est réservé à tous! Si nous faisons partie du corps de Christ, nous sommes appelés à être des intercesseurs.

Chapitre Cinq

L'action de grâce

La prière chrétienne ne devrait jamais se limiter à la récitation d'une liste de requêtes. Car, si Dieu est effectivement un bon Père qui prend plaisir à donner de bonnes choses à ses enfants, la Bible nous enseigne aussi que les prières devraient inclure des remerciements à Dieu pour sa généreuse provision.

Par exemple, Philippiens 4:6 déclare que la prière devrait être faite « avec des actions de grâce ». Ephésiens 5:19–20 montre aussi que l'adoration collective devrait être offerte dans un contexte où l'on rend « continuellement grâces à Dieu le Père pour toutes choses, au nom de notre Seigneur Jésus-Christ ».

Yadah

Le verbe hébreu le plus utilisé pour dire « remercier » est *yadah* qui signifie littéralement « étendre la main ». *Yadah* associe deux idées. Un contact immédiat et des paroles liées à une action. En français, « merci » est l'élément verbal de *yadah* et le cadeau offert en est l'élément actif.

Aujourd'hui, quand nous remercions quelqu'un, nous disons souvent « merci » et nous joignons le geste à la parole en tendant les mains pour lui donner un petit cadeau en marque de notre reconnaissance. C'est cela le vrai remerciement « *yadah* ».

Voici une sélection des versets de l'Ancien Testament qui décrivent le peuple de Dieu en train de remercier Dieu. Dans ces passages nous pouvons commencer à voir comment et pourquoi le peuple remerciait Dieu: 2 Samuel 22:50, 1 Chroniques 16:4–41, 2 Chroniques 31:2, Psaume 6:6; 18:50; 30:5; 30:13; 35:18; 75:2; 79:13; 92:2; 97:12; 105:1; 106:1; 106:47; 119:62; 136:1–3 et 140:14.

La prière efficace

Tôdah

Bien que *yadah* soit utilisé dans Néhémie 11:17 et 12:46, *tôdah* est le mot hébreu le plus commun pour dire reconnaissance. Comme *yadah*, il implique des paroles et une action. Toutefois *tôdah* ajoute à ces aspects un élément formel. Nous pouvons *yadah* Dieu n'importe où, mais *tôdah* est offerte à Dieu dans le contexte d'une adoration publique organisée.

Nous trouvons ces actions de grâce dans l'Ancien Testament dans les textes suivants: Lévitique 7:12, Néhémie 12:27-40, Psaume 26:7; 50:14; 69:31; 95:2; 100:4; 147:7, Esaïe 51:3 et Jérémie 30:19.

Eucharisteo

Dans le Nouveau Testament le verbe *eucharisteo* et le nom *eucharistia* sont les mots grecs communément utilisés pour « remercier » et « reconnaissance ». Ces deux mots sont chacun composés de « *eu* » qui signifie « bon » et de « *charizomai* » qui signifie « donner gratuitement ».

Le mot grec *charis* est la racine de *eucharisteo*. *Charis* est habituellement traduit par « grâce ». Ainsi le remerciement et la reconnaissance du Nouveau Testament impliquent des cadeaux bons et gracieux qui sont donnés gratuitement.

Ceci est souligné dans 2 Corinthiens 4:15. Ce passage montre que la grâce provoque la reconnaissance, qui en retour permet que Dieu soit glorifié. 2 Corinthiens 9:11-12 met également l'accent sur le fait que donner provoque la reconnaissance.

En fait, *charis* est le mot grec qui se retrouve dans l'expression « rendre grâce » dans Romains 6:17; 1 Corinthiens 15:57; 2 Corinthiens 2:14; 8:16; 9:15; 1 Timothée 1:12; 2 Timothée 1:3 et 1 Pierre 2:19. La conclusion qui s'impose est que « l'action de grâce » devrait être centrale dans la vie de ces gens et de ces assemblées qui se disent *charismatiques*.

Il y a quelques exemples de prières de remerciement dans le Nouveau Testament qui se retrouvent dans le contexte de prières avant un repas ou à l'occasion du « dernier repas » (Cène). C'est la raison pour laquelle une prière de remerciement pour la nourriture est d'habitude appelée « action de grâce » (*charis*). C'est aussi pourquoi dans beaucoup de traditions chrétiennes, le service de la Sainte-Cène (ou communion) est appelé « *eucharistie* » (l'action de grâce).

Des prières de reconnaissance pour la nourriture sont mentionnées dans Matthieu 15:36; Marc 8:6; Jean 6:11, 23 et Romains 14:6.

Des prières de reconnaissance au moment du dernier repas se retrouvent dans Matthieu 26:27; Marc 14:23; Luc 22:17–19 et 1 Corinthiens 11:24.

Des actions de grâces générales adressées à Dieu sont mentionnées dans Luc 17:16; Jean 11:41; Actes 24:3; 27:35; 28:15; Romains 1:8; 7:25; 16:4; 1 Corinthiens 1:4; 14:18, 2 Corinthiens 4:15; 9:11–12, Ephésiens 1:16; 5:20; Philippiens 1:3; Colossiens 1:3; 1 Thessaloniciens 1:2; 2:13; 3:9; 5:18; 2 Thessaloniciens 1:3; 2:13; 1 Timothée 2:1; 4:3–4; Apocalypse 4:9 et 7:12.

L'action de grâce et la louange

Des passages comme 1 Chroniques 23:30; 25:3; 29:13; Esdras 3:11; Néhémie 12:24,46 et Psaume 100:4 montrent clairement que la louange et l'action de grâce sont étroitement associées.

L'action de grâce est principalement une prière, dirigée vers Dieu, qui le remercie pour ce qu'il a fait. La louange est essentiellement un éloge adressé à Dieu ou l'exaltation de Dieu. Elle est faite pour être entendue par d'autres ou reprise par d'autres quand elle est dirigée vers Dieu.

L'action de grâce remercie Dieu pour ce qu'il a fait. Les louanges glorifient, font l'éloge ou exaltent les activités de Dieu ou ses attributs. Quand nous remercions Dieu, nous lui parlons personnellement – nous lui serrons la main avec reconnaissance. Mais d'autres que nous sont généralement impliqués quand nous louons Dieu; soit nous lui disons combien il est merveilleux, soit ceux qui nous entourent écoutent et sont d'accord lorsque nous disons à Dieu combien il est merveilleux.

La prière efficace

L'ordre suivi par le Psaume 100:4 (version Darby) est très clair. Nous venons individuellement dans ses portes avec nos actions de grâces mais ensuite nous entrons ensemble dans ses parvis avec notre louange. Ainsi dans nos vies, il doit y avoir de l'action de grâce et des louanges.

Dans l'Ancien Testament il y a trois mots hébreux principaux qui sont usuellement traduits par « louange »:

Halal est associé à l'idée d'un grand bruit, d'un cri de joie, d'une acclamation ou d'un cri. C'est un mot très usité. Voici seulement une petite sélection de versets: 1 Chroniques 16:4; 23:5, 2 Chroniques 5:13; 20:19; Esdras 3:11; Néhémie 5:13; Psaume 22:23; 35:18; 69:31, 35; 74:21; 84:5; 107:32; 145:2; 146:2; 148:5; 149:3; Esaïe 62:9; 64:11; Joël 2:26.

L'expression *alléluia* – « gloire au Seigneur » – apparaît au début des Psaumes 106, 111, 112, 113, 135, 146 à 149, et à la fin des Psaumes 104 à 106, 113, 115 à 117 et 146 à 150.

Yadah signifie littéralement « jeter » (comme dans Lamentations 3:53b) mais est traduit par louange quand des mouvements et des gestes comme frapper des mains, danser, lever les bras sont utilisés pour glorifier Dieu. Ce mot est fréquemment utilisé pour décrire la manière dont le peuple de Dieu le loue. Par exemple Genèse 29:35, 2 Chroniques 7:3; 20:21-22; Psaume 7:18; 28:7; 45:18; 54:8; 67:4; 86:12; 99:3; 108:4; 111:1; 138:1; 142:7; Esaïe 12:4; 25:1; 38:19 et Jérémie 33:11.

Zamar signifie chanter et jouer de la musique. Ce mot est utilisé dans l'intitulé de 57 psaumes pour préciser qu'il s'agit d'un chant accompagné par un instrument à cordes. Il est aussi utilisé dans les psaumes pour décrire la louange chantée, par exemple dans 7:18; 18:50; 27:6; 47:7; 57:8; 61:9; 75:10; 98:4; 104:33; 108:2-4; 135:3; 147:7. Le verbe Zamar est utilisé trois fois en dehors des psaumes, dans Juges 5:3, 2 Samuel 22:50, et Esaïe 12:5.

Il y a trois mots grecs principaux qui sont habituellement traduits par le mot « louange » dans le Nouveau Testament:

L'action de grâce

Aineo signifie « mentionner avec honneur » ou « faire un vœu ». Dans le grec ancien le mot *ainos* pouvait aussi signifier « raconter une histoire ». Ce mot est utilisé pour dire des louanges à Dieu dans Luc 2:13, 20; 19:37, Actes 2:47, 3:8–9, Romains 15:11, Apocalypse 19:5.

Epaineo (et le substantif epainos) est une forme plus forte de *aineo* qui signifie « faire l'éloge de ». Ce mot est utilisé pour la louange de Dieu dans 1 Corinthiens 11:2,17,22; Ephésiens 1:6,12,14; Philippiens 1:11; 1 Pierre 1:7.

Humneo signifie « chanter les louanges de quelque chose ou de quelqu'un ». Le mot français « hymne » vient de ce mot grec et signifie littéralement une louange chantée: Humneo est utilisé dans Actes 16:25 et Hébreux 2:12. Il est aussi utilisé dans Matthieu 26:30 et Marc 14:26 et au sujet du dernier repas pour décrire le chant des Psaumes 113 à 118 et 136. Les Juifs appellent ces Psaumes le « Grand Hallel ».

Pensées bibliques générales
Voici six pensées bibliques générales sur la louange:

- ◆ Dieu prend plaisir dans ses œuvres créatrices, et toute la création, y compris les anges, exprime sa joie dans la louange, voir Genèse 1, Psaume 104:31, Proverbes 8:30 à 31, Job 38:4–7 et Apocalypse 4:6–11.
- ◆ L'humanité a été créée pour se réjouir des œuvres de Dieu et nous le faisons en acceptant les dons de Dieu dans ses oeuvres, voir Psaume 40:4–8.
- ◆ La venue du royaume de Dieu est marquée par la restauration de la joie et de la louange, voir Esaïe 9:2, Psaume 96:11–13 et Luc 2:13–14.
- ◆ Dieu est loué à la fois pour la rédemption et la création. Même dans le ciel, la louange éternelle du peuple de Dieu exalte ces deux dons, voir Exode 15:1–21, Psaume 24, 136, Apocalypse 4:11, 5:9–10.
- ◆ La louange est un devoir et ne devrait pas dépendre des

La prière efficace

sentiments ou des circonstances, voir Deutéronome 12:7; 16:11-12 et Job 1:21.

◆ Bien que la louange personnelle soit mentionnée, la louange collective est beaucoup plus soulignée. La plupart des descriptions de louange et d'appels à la louange sont collectifs, voir Psaume 22:26; 34:4; 35:18 et 149:1.

L'action de grâce et les sacrifices

Bien que Jérémie 17:26; 33:1 et Hébreux 13:15 se réfèrent à un sacrifice de louanges, l'action de grâce est identifiée au sacrifice beaucoup plus fréquemment que cela. Cette association laisse entendre que dans la vie des croyants, la louange est naturelle mais l'action de grâce est plus exigeante.

Voici certains passages qui montrent l'association biblique qui existe entre l'action de grâce et les sacrifices. Ces textes indiquent que le sacrifice était une expression clef de la reconnaissance. Lévitique 7:12-15; 22:29; 2 Chroniques 29:31; 33:16; Psaume 107:22; 116:17; Amos 4:5; et Jonas 2:9.

Les sacrifices étaient des dons offerts directement à Dieu. Dans l'Ancien Testament chaque fois que les gens se tournaient vers Dieu, ils l'adoraient avec des sacrifices.

Les Juifs offraient des sacrifices à titre personnel et au niveau de toute la nation, en privé et en public, de manière régulière et lorsqu'ils avaient un besoin particulier. Nombres 28-29 donne une liste complète des sacrifices quotidiens, hebdomadaires, mensuels et annuels faits en public et Exode 12 montre comment la Pâque était offerte dans les familles.

Les sacrifices étaient offerts comme un remerciement à Dieu, à diverses et nombreuses occasions. La Bible en donne des exemples plutôt qu'une liste exhaustive, mais il était clair que la reconnaissance y était un élément vital:

◆ Nombres 6:13-20, quand un homme était libéré d'un vœu.

◆ Lévitique 12, quand une femme avait accouché

L'action de grâce

- ◆ Lévitique 14, quand un lépreux avait été guéri
- ◆ Lévitique 8 et Nombres 8, à l'ordination des sacrificateurs et des Lévites
- ◆ 1 Rois 1:9–12, aux couronnements de rois
- ◆ 1 Rois 8:1–13, à la consécration d'édifices à usage sacré.

Seul le meilleur pouvait être offert à Dieu. Exode 10:24–26 montre clairement que les sacrifices devaient entamer les ressources personnelles de l'adorateur, il devait y avoir un réel élément de reniement personnel pour que le sacrifice ait une quelconque signification. Cela montre aussi que du fait que les adorateurs voulaient plaire à Dieu, ils lui permettaient de leur imposer la nature de leurs sacrifices.

Les Juifs ne pouvaient pas offrir à Dieu quoi que ce soit qui ait été gagné de façon illégale ou qui ait un quelconque défaut. Riches ou pauvres, ils devaient offrir le meilleur de ce qu'ils avaient. Ils ne pouvaient pas garder le meilleur pour eux et donner à Dieu les miettes qui restaient à titre de «remerciement».

Lévitique 1–7 décrit les cinq principaux sacrifices d'Israël:

- ◆ L'holocauste ou l'offrande totalement consumée.
- ◆ L'oblation ou l'offrande de céréale.
- ◆ La communion ou l'offrande de paix.
- ◆ L'offrande pour le péché.
- ◆ La réparation, ou l'offrande de culpabilité.

Deux de ces sacrifices étaient particulièrement utilisés dans l'action de grâce: l'holocauste et le sacrifice de communion. Les deux aidaient les Juifs à exprimer leurs sentiments d'être des créatures qui appartenaient à Dieu, celui qui les avait fait.

L'holocauste ou l'offrande consumée par le feu

Dans l'holocauste « entièrement consumé par le feu », tous les morceaux du sacrifice étaient brûlés, à l'exception de la peau.

La prière efficace

Tout était offert à Dieu. Ce type de sacrifice représentait la consécration de la part de l'adorateur de tout ce qu'il avait et tout ce qu'il était. Il représentait aussi le fait que Dieu acceptait ce don.

1 Chroniques 29:13–14 exprime cette idée:

Maintenant, ô notre Dieu, nous te louons, et nous célébrons ton nom glorieux. Car qui suis-je et qui est mon peuple, pour que nous puissions te faire volontairement ces offrandes? Tout vient de toi, et nous recevons de ta main ce que nous t'offrons.

Le sacrifice de communion
Dans le sacrifice de communion, une partie du sacrifice était brûlée et ainsi offerte en don à Dieu, et le reste était mangé par les sacrificateurs et le peuple. Ces occasions de « manger ensemble » soulignaient la relation vitale existant entre le peuple en tant que créatures et leur Créateur.

Certains leaders pensent que cela préfigure la Sainte-Cène ou service de communion dans l'église. Nous avons vu que « l'action de grâce » est un élément clef du dernier repas qui a été repris par les branches de l'église qui identifient la Sainte Cène à l'eucharistie. Comme ce repas est une action de grâce pour la mort sacrificielle de Christ et la promesse de son retour, l'aspect de la reconnaissance sous forme d'action de grâce devrait peut-être y figurer plus clairement.

Ce lien entre action de grâce et sacrifice est vital. Quand le peuple de Dieu voulait remercier leur créateur et rédempteur, ils ne le remerciaient pas seulement avec leur bouche, ils le remerciaient aussi en lui offrant le meilleur de ce qu'ils avaient. C'est la raison pour laquelle les Ecritures nous enseignent l' «action» de grâce plutôt que la « parole » de grâce. Nous avons beaucoup à apprendre dans ce domaine.

L'action de grâce et les dons
Les Juifs avaient trois manières de donner: les sacrifices, les

L'action de grâce

dîmes et les offrandes volontaires. Tous leurs dons étaient offerts à Dieu et l'action de grâce était leur principale motivation dans tout ce qu'ils donnaient.

Les dîmes
Les Juifs donnaient leurs dîmes à Dieu (un dixième de leur revenu annuel) et ces biens pourvoyaient aux besoins des leaders religieux et des pauvres. Les dîmes étaient données volontairement. Deux années sur trois les gens se déplaçaient à Jérusalem et présentaient leurs dîmes, avec reconnaissance, aux Lévites. Le don de leur dîme était une manière d'exprimer leur remerciement à Dieu pour sa provision dans le domaine matériel grâce aux moissons, et pour son soin donné grâce aux ministères des sacrificateurs et des Lévites.

La troisième année, la dîme n'était pas apportée à Jérusalem. Elle était gardée sur place et utilisée pour pourvoir aux besoins des pauvres et des étrangers de la région. L'enseignement biblique concernant les dîmes se trouve dans Lévitique 27:30-32, Nombres 18:21-32, Deutéronome 14:29 et Malachie 3:2-12.

Sacrifices et offrandes volontaires
A partir des neuf dixièmes restant de leur revenu, les Juifs offraient des sacrifices et des offrandes volontaires à Dieu. Certains types de sacrifices exprimaient la reconnaissance envers la bonté de Dieu et d'autres types de sacrifices plaidaient devant Dieu pour obtenir son pardon. Chaque fois que les gens voulaient remercier Dieu, ils le faisaient par une prière orale et par le don d'un holocauste ou d'un sacrifice de communion.

Les offrandes volontaires étaient utilisées pour des buts précis. Ces offrandes de reconnaissance spéciales étaient offertes à des occasions où les gens donnaient pour exprimer leur gratitude envers la bonté de Dieu.

Exode 25:1-4 rapporte les instructions de Dieu pour la collecte des matériaux nécessaires à la construction du

La prière efficace

Tabernacle. Exode 35:1-29 et 36:2-7 détaillent ces offrandes.

- ◆ Elles étaient volontaires – 35:5
- ◆ Elles étaient spécifiques – 35:9
- ◆ Elles étaient faites dans un but – 35:11-19
- ◆ Elles étaient motivées par une action divine – 35:21-22
- ◆ Elles s'arrêtaient quand la quantité donnée était suffisante – 36:3-7.

Ce passage explique clairement que les gens donnaient volontairement, généreusement, avec enthousiasme, parce que leur cœur était ému.

On trouve une attitude similaire dans 1 Chroniques 28-29, quand David demande aux gens de donner pour le premier temple et aussi dans Esdras 1:2-6, 2:68-69, 3:5, 7:16 et Néhémie 7:70-72 quand les offrandes de reconnaissance furent faites pour le second temple.

1 Chroniques 29 est un des plus grands passages bibliques sur l'action de grâce et montre l'association scripturaire claire qui existe entre la prière, la louange, la reconnaissance, le sacrifice et le don.

Certaines personnes se demanderont quel rapport on peut trouver entre une collecte pour un bâtiment d'une part et la prière d'autre part? Mais les exemples bibliques d'offrandes de reconnaissance montrent qu'elles étaient collectées pour des lieux de prière. La motivation derrière tous ces exemples, c'est la gratitude pour ce que Dieu a fait pour des individus, des familles ou la nation. Un merci oral n'était pas suffisant, il fallait aussi que la main se tende avec un don.

La prière n'est pas toujours juste une gentille récitation de mots. La prière peut inclure le fait de lutter avec Dieu, transpirer et agoniser devant lui. Elle peut inclure la persistance, prier encore et encore. Elle peut signifier le jeûne, à savoir ne pas consommer de nourriture pour montrer une vraie sincérité et pour créer plus de temps pour la prière. Et

L'action de grâce

elle peut inclure le fait de donner un don de reconnaissance, révélant la profondeur de notre reconnaissance d'une manière suprêmement pratique.

L'action de grâce chez Paul

La reconnaissance joue un rôle primordial dans la pensée et les écrits de Paul. Il a été dit que Paul mentionne le sujet de l'action de grâce dans ses lettres plus souvent (proportionnellement) que tout autre auteur grec, chrétien ou païen. Les lettres de Paul contiennent en effet beaucoup d'exemples de Paul offrant à Dieu des actions de grâces ou instruisant ses lecteurs à offrir à Dieu des actions de grâce.

La prière d'action de grâce de Paul

Il est évident que nous ne trouvons pas une liste exhaustive des prières d'actions de grâce de Paul dans ses lettres, toutefois il est instructif de noter qu'il y a un thème qui revient au moins aussi souvent que tous les autres thèmes rassemblés dans ces prières. Paul remerciait Dieu pour:

Les autres croyants
Beaucoup des lettres de Paul commencent par sa reconnaissance à Dieu pour la foi des gens auxquels il écrit. Par exemple Romains 1:8, 1 Corinthiens 1:4, Philippiens 1:3, Colossiens 1:3, 1 Thessaloniciens 1:2, 2 Thessaloniciens 1:3 et Philémon 4. Cette expression de la reconnaissance de Paul n'est pas une formule vide de sens, car son omission au début de la lettre aux Galates semble être délibérée de sa part.

Paul remercie aussi Dieu pour les autres croyants dans 2 Corinthiens 8:16, Ephésiens 1:16, 1 Thessaloniciens 2:13, 3:9, et 2 Timothée 1:3.

Dans beaucoup de ces actions de grâces, Paul utilise des mots comme « toujours » ou « sans cesse » qui attirent l'attention sur l'importance qu'il attache au fait de remercier Dieu publiquement pour les autres croyants et leurs leaders, bien qu'il ne les connaisse pas tous personnellement pour

La prière efficace

beaucoup d'entre eux. Il est important de noter que cette persistance et cette urgence placée sur cette action de grâce particulière est absente dans les exemples qui nous sont donnés des autres sujets de reconnaissance de Paul.

Pour la nourriture
Comme dans tout le reste de la Bible, Paul insiste sur l'importance de remercier Dieu pour la nourriture: Romains 14:6, 1 Corinthiens 10:30, 11:24 et 1 Timothée 4:3-4.

Pour Jésus
Romains 7:25 et 2 Corinthiens 9:15

Pour son ministère
1 Corinthiens 1:14 et 1 Timothée 1:12

Pour la victoire
1 Corinthiens 15:57 et 2 Corinthiens 9:15

Pour les dons spirituels
1 Corinthiens 14:16-18

Les instructions de Paul sur l'action de grâce
Paul presse constamment ses lecteurs, et prie pour eux dans ce sens, de faire de l'action de grâces une activité constante, autant en paroles qu'en actes.

Il est impossible de lire ces versets sans en tirer la conclusion que l'action de grâce devrait tenir une place très importante dans notre vie de prière publique comme privée. Ephésiens 5:4, 20; Philippiens 4:6, Colossiens 1:12; 2:7; 3:15-17; 4:2; 1. Thessaloniciens 5:18 et 1 Timothée 2:1.

Paul s'attend à ce que nous « rendions toujours grâces en toutes choses ». Il ne laisse aucun doute que c'est la volonté de Dieu pour nous que nous rendions grâces en toutes choses. Il nous montre que nos requêtes dans la prière devraient être

L'action de grâce

enveloppées d'actions de grâce. Selon Paul, l'action de grâce devrait être l'une des principales marques distinctives des chrétiens engagés.

Chapitre Six

Les prières de Paul

Le nouveau converti, Saul, nous est présenté dans Actes 9:11 comme un homme en prière. Et dans tout le livre des Actes et les lettres de Paul, nous pouvons voir que la prière était le fondement solide de son ministère extraordinaire.

Sept fois dans l'Ecriture, Paul suggère à ses lecteurs de vivre en suivant son modèle: 1 Corinthiens 11:1, Galates 4:12, Philippiens 3:17; 4:9, 1 Thessaloniciens 1:6, 2 Thessaloniciens 3:7–9. Ceux, parmi les croyants, qui sont sérieux au sujet de la prière prêteront une attention spéciale à ce puissant homme de prière et tireront leçon de son enseignement, comme de ses prières.

L'enseignement de Paul
Dans 1 Timothée 2:1–4, Paul conseillait que dans les réunions chrétiennes, les temps de prière incluent des supplications, des prières, des intercessions et des actions de grâce. Elles devaient être offertes pour tous les hommes et spécialement les autorités séculières et politiques.

La prière pour les autorités
Lorsque Paul nous demande de prier *pour* ceux qui sont en position d'autorité, il utilise le mot grec *huper*, qui signifie « en faveur de » plutôt que *peri* qui signifie « au sujet de ». *Huper* est le mot utilisé dans le Nouveau Testament pour montrer que « Jésus est mort *pour nous* », comme par exemple dans Jean 10:11 et 1 Timothée 2:6.

Cela signifie non seulement que nous devrions prier *au sujet* des autorités, remercier Dieu pour elles, faire des requêtes à leur sujet mais aussi que nous devrions prier en leur

La prière efficace

faveur, c'est-à-dire à leur place. Nous le faisons en tant que sacrificateurs, plaidant devant Dieu en faveur de ce monde, de la même manière que Christ, le grand souverain sacrificateur, prie *huper* nous dans Hébreux 7:25 et l'Esprit intercède *huper* nous dans Romains 8:26–27.

La prière pour que Dieu « sauve »
Il n'y a pas de texte dans l'Ecriture nous rapportant une prière spécifique de Paul pour que les Gentils incroyants soient sauvés. Bien sûr, il voulait qu'ils soient tous sauvés et priait d'une manière dont il espérait qu'elle hâterait leur salut. Mais au lieu de prier « Dieu sauve la personne X » il priait que les obstacles qui empêchaient le salut de X soient ôtés et que les croyants qui devaient transmettre le message de l'Evangile à X soient équipés, énergisés et motivés pour rendre témoignage efficacement à X.

Dans Romains 10:1, Paul explique que son vœu le plus cher et sa prière à Dieu était *huper* les Juifs – « qu'ils soient sauvés ». Ce verset n'implique pas que le contenu de la prière de Paul était: « Cher Seigneur, s'il te plaît, sauve les Juifs! » Il pointe plutôt sur le fait que l'*objectif* de la prière de Paul était que les Juifs « puissent être sauvés ». Romains 10:1 n'apporte pas de justification aux prières du type: « Dieu, s'il te plaît, sauve mon mari! »

Si nous soupirons après le salut de nos amis et de nos parents et que nous souffrons pour la conversion des gens qui habitent dans notre région, nous allons lutter dans la prière pour susciter leur salut. Comme Paul, nous passerons de longues heures en prière « pour qu'ils soient sauvés ».

Toutefois, nous devrions souhaiter trouver la manière la meilleure et la plus efficace de prier afin que leur salut puisse venir. Les prières de Paul et son enseignement suggèrent qu'il y a deux manières très efficaces de prier pour le salut des incroyants. Il parle d'une part de prier pour que les obstacles empêchant le salut soient ôtés et d'autre part de prier pour que les croyants soient équipés et motivés.

Les prières de Paul

Nous examinerons la « prière qui ôte les obstacles » dans le chapitre sept.

La prière pour la paix
Dans 1 Timothée 2:1–4, Paul a enseigné que nos prières pour le gouvernement devraient être faites pour que « nous menions une vie paisible et tranquille en toute piété ».

La paix est un élément crucial pour une proclamation efficace de l'Evangile. Toute forme de guerre est un obstacle à l'Evangile. Cela signifie que nous devrions prier pour la paix, afin que l'œuvre de Dieu ne soit pas interrompue et que nous puissions continuer à accomplir la tâche de témoigner à ceux qui ne croient pas.

Prier avec persévérance
Paul répète l'enseignement de Jésus sur le besoin de persévérance dans la prière. Romains 12:12, Ephésiens 6:18, Colossiens 4:2 et 1 Thessaloniciens 5:17 sont autant de passages qui soulignent le besoin de ne pas abandonner dans la prière.

Prier pour les priorités
Il met l'accent sur le fait que nos prières devraient poursuivre les priorités plutôt que le luxe. Ephésiens 6:18 et Philippiens 4:6–7 nous montrent que nous devrions demander dans la prière tout ce que nous avons besoin, que ce soit matériel ou spirituel. Ceci rappelle Matthieu 6:25–34.

Les requêtes de prière de Paul
En plus des requêtes générales pour la prière, dans des passages tels que 1 Thessaloniciens 5:25, la Bible nous rapporte sept requêtes de prière, détaillées. Quatre thèmes ressortent de ces requêtes de prière.

Le secours
Six fois, Paul a demandé la prière pour qu'il soit gardé, sauf

La prière efficace

dans une situation ou pour qu'il échappe à une situation qui l'empêchait de prêcher l'Evangile.

Comme Christ, Paul ne demandait pas que les hostilités s'arrêtent mais il réclamait la sécurité dans son parcours pour sortir des difficultés. Cela signifie que dans nos prières, nous ne devrions pas demander une vie facile. Nous devrions plutôt chercher à découvrir ce que Dieu fait et ce qu'il veut faire dans celui ou celle pour qui nous prions, par l'intermédiaire de ses circonstances. Nous devrions nous concentrer sur l'œuvre de Dieu dans la personne plutôt que de nous laisser distraire par les événements qui surviennent autour d'elle.

Paul a demandé:

- ◆ D'être délivré des hommes méchants – 2 Thessaloniciens 3:1-2
- ◆ D'être délivré des incrédules – Romains 15:31
- ◆ D'être délivré d'un danger de mort – 2 Corinthiens 1:9-11
- ◆ D'être protégé en prison – Philippiens 1:19-20
- ◆ D'être libéré de prison comme une faveur particulière – Philémon 22
- ◆ Qu'une porte fermée soit ouverte – Colossiens 4:3.

Dans tous ces versets, la requête de prière de Paul visait à rendre son témoignage plus efficace.

L'accueil
Dans 2 Thessaloniciens 3:1-2, Paul demande la prière pour que le message qu'il annonce soit bien reçu par les incroyants. Et dans Romains 15:30-32, il demande la prière pour que son service soit agréé par les croyants de Jérusalem.

La hardiesse
Dans Ephésiens 6:19-20 et Colossiens 4:3-4, Paul demande la prière pour la hardiesse et la liberté par rapport à toute crainte.

Il voulait faire connaître la Bonne Nouvelle comme il devait en parler.

Il savait que son état normal était «la crainte et les tremblements» et que la hardiesse ne lui était pas donnée naturellement. Si Paul avait besoin de la prière des croyants pour la hardiesse, combien plus devrions-nous en faire un sujet de prière aujourd'hui?

Les voyages

Dans Romains 15:22–32, Paul demande la prière pour avoir l'occasion de faire un voyage à Rome. Il demandait cela afin qu'il puisse transmettre aux chrétiens de Rome une bénédiction de Christ.

La prière pour l'évangélisation

Ces quatre thèmes des requêtes de prière de Paul mettent en avant bien des points qui sont pertinents pour l'évangélisation d'aujourd'hui. Si notre passion est la passion biblique pour l'évangélisation, comment pouvons-nous prier au mieux pour nos amis et nos parents incroyants?

Comme Paul, nous savons que c'est la volonté de Dieu que tous nos amis soient sauvés. Nous n'avons pas besoin de persuader un Dieu réticent de les sauver. Nous prierons au contraire de la manière suivante si nous suivons l'exemple de Paul:

- ◆ Que nous soyons délivrés des circonstances qui nous emprisonnent, qui nous empêchent de témoigner
- ◆ Que nous soyons remplis de hardiesse pour annoncer la Parole de Dieu
- ◆ Que nous puissions être capables de passer du temps avec nos amis non sauvés
- ◆ Que nos paroles soient chargées de la puissance de l'Esprit, entendues et acceptées par nos amis
- ◆ Que l'Esprit convainque nos amis de leur péché et de leur besoin.

La prière efficace

Si nous avons un fardeau pour une personne non sauvée en particulier, voici une manière biblique et efficace de prier pour leur salut:

Ecouter Dieu pour définir précisément comment il veut que nous apportions le message du salut à la personne qui est sur notre cœur.

Prier spécifiquement et de manière persistante pour que Dieu enlève les obstacles. Prier pour que Dieu équipe les saints qu'il a choisis afin de parler aux personnes non sauvées et pour que leurs paroles soient chargées de sa grâce et de sa faveur.

Bien sûr, Dieu honore toujours nos motivations sincères quand nous prions en disant: « S'il te plaît, sauve mon ami. » De telles prières ne sont jamais une perte de temps. Mais elles peuvent être un petit peu paresseuses! Dieu veut que nous n'abandonnions pas la partie dans la prière, il veut que nous cherchions sérieusement sa volonté pour une situation et qu'ensuite nous puissions prier pour que sa volonté soit amenée à l'existence.

Les prières de Paul
Romains 1:9, Ephésiens 1:16, 1 Thessaloniciens 1:2 et Philémon 4 nous montrent que les prières de Paul étaient pleines de requêtes pour les croyants avec lesquels il était en contact.

De plus, les lettres de Paul contiennent neuf prières qui nous enseignent beaucoup sur le contenu de la prière. Huit thèmes ressortent de ces prières.

La connaissance
Sa prière la plus fréquente était que les croyants soient remplis de toute la connaissance dont Paul comprenait qu'ils avaient besoin, quelle que fut cette connaissance.

Il priait pour qu'ils connaissent:
- ◆ Mieux Jésus en recevant l'Esprit de sagesse et de révélation, Ephésiens 1:18

Les prières de Paul

- ◆ L'espérance à laquelle ils avaient été appelés, en ayant le cœur illuminé, Ephésiens 1:18
- ◆ Les richesses de l'héritage de Christ, Ephésiens 1:18 La grandeur de l'amour de Christ, Ephésiens 3:18
- ◆ La volonté de Dieu en recevant la sagesse et la compréhension, Colossiens 1:9
- ◆ La croissance dans la connaissance de Dieu, Colossiens 1:10
- ◆ La justice qui vient de Dieu, et qu'ils soient capables de la distinguer de leur propre justice, Romains 10:1-4
- ◆ Toutes les bonnes choses qui sont à leur disposition en Christ, Philémon 6
- ◆ Une connaissance encore plus grande afin qu'ils puissent discerner ce qui est le meilleur, Philippiens 1:9-10.

Paul utilise le mot grec *epignosis* dans tous ces passages sauf deux. Cela signifie une connaissance pleine et expérimentale. Il priait pour qu'ils fassent l'expérience de ces choses d'une manière aussi complète que possible.

Ephésiens 3:18 est une première exception. Ici Paul a utilisé le mot *ginosko* qui signifie le fait de saisir un concept plutôt que de comprendre le détail. L'immense amour de Dieu ne peut pas être connu pleinement même si on peut en jouir et l'apprécier.

L'autre exception se trouve dans Ephésiens 1:18a. Ici Paul utilise le mot grec *eido* pour souligner que cette espérance est une compréhension présente d'un état futur. L'espérance se réalisera mais elle ne peut pas être connue pleinement et complètement dans le moment présent.

Tout cela nous conduit à la conclusion qu'avant de commencer à prier pour quelqu'un, nous devrions demander à Dieu quelle est la connaissance dont ce croyant a le plus besoin. Nous devrions attendre que Dieu nous réponde à ce sujet avant de commencer à prier pour cette personne.

Paul était toujours précis dans ses prières pour la connaissance. Elles variaient selon les besoins. Nos prières devraient évoluer en véritables prières de combat pour les croyants que nous connaissons, afin qu'ils connaissent, pleinement et entièrement, tout ce qu'ils ont besoin de connaître pour les aider dans leur évangélisation.

La force
Dans Ephésiens 3:16, Paul priait pour que ses lecteurs puissent être fortifiés par sa puissance par l'Esprit, afin que finalement, ils soient suffisamment forts pour que Christ puisse habiter dans leur cœur. Ceci était lié avec le fait d'être rempli jusqu'à toute la plénitude de Dieu.

Dans Colossiens 1:11, il priait pour que nous soyons fortifiés avec sa force toute puissante en sorte que nous soyons persévérants et patients. Lorsqu'un croyant est en danger d'abandonner, nous ne devrions pas prier pour que les choses deviennent plus faciles pour lui. Nous devrions au contraire prier pour que l'Esprit le rende puissant et déterminé dans la persévérance.

Dans 1 Thessaloniciens 3:13, Paul priait pour que nos cœurs soient affermis, afin que nous puissions être irréprochables et saints pour la seconde venue de Jésus-Christ.

L'amour
Dans Ephésiens 3:17, Paul priait pour que l'amour de Dieu soit notre racine et notre fondement. Dans Philippiens 1:9 et 1 Thessaloniciens 3:12, il suppliait que l'amour de Dieu soit répandu sur nous et dépasse notre expérience présente de manière à déborder sur d'autres.

L'amour de Dieu est *agape*. C'est l'amour profond, constant et pratique de Dieu. Nous devons beaucoup prier pour que dans l'église d'aujourd'hui, cet amour abonde et déborde. Car c'est cet amour qui lancera un défi au monde.

Purs et sans défaut

Dans Philippiens 1:10, Paul prie pour que ses lecteurs puissent devenir « purs et sans tâche » devant les hommes. Il voulait que Dieu les rende *eilikrines* et *aproskopos*, c'est-à-dire purs et non teintés par le monde, n'étant pour personne un sujet d'offense ou une occasion de chute.

Dans 1 Thessaloniciens 3:13, il prie qu'ils puissent être purs et irréprochables devant Dieu. Cette fois il prie pour qu'ils soient *amemptos* et *hagiosune*, qu'ils soient sans tache devant Dieu et saints dans leur conduite.

Dans Colossiens 1:10, il demandait que leur vie puisse plaire à Dieu. Paul ne voulait pas seulement qu'ils observent les commandements de Dieu, mais aussi qu'ils préviennent ses désirs.

Et il priait pour leur « perfection » dans 2 Corinthiens 13:9. C'est le mot *katartisis* qui est utilisé ici pour perfection et signifie « plénitude de caractère » et non pas « *teleios* » dont le sens est « pleinement accompli ». La différence entre ces mots montre que c'est une prière réaliste en notre faveur afin que nous soyons prêts ou propres à l'action d'évangélisation. Il ne s'agit pas d'une prière en vue de la maturité absolue ou de la perfection totale.

Dignes

Paul voulait que ses lecteurs vivent de telle manière qu'ils puissent refléter le caractère et les pensées de Dieu. Ainsi dans Colossiens 1:10, il prie pour qu'ils puissent vivre d'une manière digne du Seigneur et dans 2 Thessaloniciens 1:11, il prie pour qu'ils marchent d'une manière digne de l'appel de Dieu.

La justice

Dans Philippiens 1:11, Paul priait pour qu'ils soient remplis du fruit de justice qui vient par Jésus. Dans Romains 10:2–3, il priait pour que nous connaissions la justice qui vient de Dieu.

La prière efficace

Des résultats

Paul priait pour que ses lecteurs puissent porter du fruit en œuvres bonnes, comme dans Colossiens 1:10. Dans Philémon 6, il demandait à Dieu qu'ils soient énergisés, c'est-à-dire puissamment actifs et efficaces dans le partage de leur foi.

Dans 2 Thessaloniciens 1:11–12, Paul priait que le nom de notre Seigneur Jésus soit glorifié en nous et nous en lui. Il utilise une construction grecque qui accentue la possibilité présente de cette expérience. Il souligne ce fait au verset 10 en utilisant la même construction pour faire ressortir la certitude future de la glorification de Christ dans son épouse.

Ces prières de Paul n'étaient pas des formules de politesse, mais des requêtes dynamiques, et il savait que Dieu allait y répondre. Lorsque nous suivons son exemple dans notre vie de prière et que nous dépendons de la même manière de l'Esprit, nous pouvons partager la même certitude et la même assurance: nos prières seront exaucées.

Chapitre Sept

Le combat spirituel

Le combat spirituel embrasse toute notre vie chrétienne. Il inclut le fait de vivre une vie sainte, le fait de prêcher l'Evangile et le fait de prier. Certains leaders rejettent le point de vue selon lequel le combat spirituel nous amène en conflit avec les puissances démoniaques. Ils disent que de s'adresser directement aux esprits n'est pas une forme de prière et nous place en dehors des limites de l'enseignement biblique.

Toutefois, toute forme de prière revient à un acte de guerre spirituelle. Chaque fois que nous prions et cherchons la volonté de Dieu sur cette terre, nous nous retrouvons face à l'ennemi.

Ephésiens 6:10-18 est le passage fondateur du combat spirituel. Il donne une description de l'église en guerre. Il s'agit de « nous », non pas de « moi » et ce texte nous donne l'image d'une armée qui se tient debout et combat au corps à corps. C'est la raison pour laquelle nous devrions nous attendre à confronter les forces spirituelles et à nous engager dans un conflit immédiat avec elles. C'est certainement ce que Paul voulait dire par « combattre contre les principautés et les puissances. »

L'image utilisée ici est celle d'une compagnie de soldats dans une confrontation un à un dans la prière contre les forces démoniaques. La prière est le but de ce passage de l'Ecriture. Nous avons besoin de porter l'armure de Dieu afin de pouvoir être prêts à engager le combat contre l'ennemi quand nous prions. 1 Jean 3:8 nous montre que c'est bien la volonté de Dieu.

La réalité du combat spirituel
Daniel 10:12-13 soulève le voile sur des aspects inhabituels

La prière efficace

du monde spirituel et de la manière dont cette réalité est influencée par nos prières. Daniel, par la prière et le jeûne cherchait à comprendre une vision. Dieu a envoyé un ange puissant pour le rencontrer et lui expliquer la vision, pourtant cet ange a rencontré de l'opposition de la part du « prince » de Perse. Alors que Daniel continue à prier, l'archange Michel est envoyé pour l'aider et le message de Dieu peut être transmis.

Ce passage nous montre que:

- ◆ Des êtres démoniaques (appelés ici princes) existent réellement et essayent de s'opposer à l'œuvre de Dieu
- ◆ Ces princes démoniaques sont associés à des domaines territoriaux et temporels particuliers
- ◆ Il y a un lien entre les activités célestes et les activités terrestres. Ce qui s'est passé dans les cieux a affecté la situation terrestre, et Daniel, par ses prières a affecté ce qui se passait dans les cieux
- ◆ Par ses prières persistantes, Daniel a accompli une percée spirituelle, même si lui-même n'a rien vu de la bataille.

Bien qu'on ne puisse pas nier que la prière de Daniel était du combat spirituel, certains leaders utilisent l'argument selon lequel Daniel ne s'est pas lui-même adressé aux puissances démoniaques et aux principautés, pour prouver qu'il n'y a pas besoin d'un combat spirituel conscient, actif et agressif. Ils disent qu'il n'y a pas besoin de confrontation directe et personnelle avec les forces démoniaques dans la prière.

Ceux qui utilisent ce raisonnement relèvent que dans Zacharie 3:1–5 l'ange du Seigneur dit: « Que le Seigneur te réprime », et non pas « Je te réprime ». C'est aussi le cas dans Jude 9. Toutefois, lorsque Jésus a été confronté par le diable dans Luc 4:1–13 et Matthieu 16:22–23 il n'a pas conversé ni raisonné avec Satan, il lui a donné un ordre. Et dans Matthieu 12:22–29 Jésus enseigne que le combat spirituel est caractérisé par la venue du Royaume de Dieu.

Le combat spirituel

Bien sûr, nous ne serons probablement jamais appelés à confronter Satan lui-même, personnellement, comme Jésus le fit. Notre combat se livre avec ses représentants, les principautés, les puissances et les autres forces démoniaques.

Les passages de Daniel et Zacharie datent d'avant la croix. Ces hommes ne partageaient pas les bénéfices que nous avons aujourd'hui par la victoire du calvaire. En effet, à la croix Jésus a désarmé toute puissance et principauté et il a été élevé bien au-dessus d'eux dans les lieux célestes. Nous avons été ressuscités avec Christ et nous avons son pouvoir et son autorité délégués. Les passages d'Ephésiens 1:15 à 2:7 nous le montrent clairement.

Nous n'avons pas la puissance de réprimer les êtres spirituels. Mais Jésus, lui, a ce pouvoir et nous recevons la même autorité de sa part. En tant que ses représentants sur la terre, nous pouvons dire: « Au nom de Jésus, je te réprime. »

Il y a besoin d'équilibre. Satan peut nous tenter de « montrer ce que nous savons faire » et ainsi nous faire sortir de la volonté de Dieu, en nous poussant à confronter les forces diaboliques par nos propres forces. Si nous faisons « cavalier seul » nous découvrirons rapidement la réalité de la guerre dont il est parlé dans 1 Pierre 5:8.

Le combat spirituel personnel

L'Ancien Testament ne nous parle que de quatre personnages qui ont été directement confrontés à Satan. Avec chacun, Satan utilise une arme différente et s'attaque à différents aspects de la vie de l'individu, en venant sous un déguisement différent et avec des objectifs différents.

Une étude de ces quatre batailles spirituelles nous donne une image complète de la manière dont les forces ennemies cherchent à nous attaquer aujourd'hui.

Eve

Dans Genèse 3, Satan est apparu à Eve comme le trompeur, en la trompant sur la nature du vrai bonheur humain. Apocalypse

La prière efficace

12:9 l'appelle: « le grand dragon, le serpent ancien, appelé diable et Satan, celui qui séduit toute la terre. »

Il s'est attaqué aux pensées de Eve, utilisant l'arme du mensonge, dans le but de la rendre ignorante de la volonté de Dieu. Il a apporté la confusion en suggérant à Eve de douter de la bonté de Dieu: « Dieu a-t-il réellement dit: vous ne mangerez pas de tous les arbres du jardin? » C'était un mensonge. Dieu n'avait pas interdit de manger de tous les arbres, seulement d'un arbre.

Satan a aussi tenté de provoquer Eve en mettant les paroles de Dieu en question: « Dieu a-t-il réellement dit…? » Satan a commencé par pousser Eve à questionner la parole de Dieu, parce qu'il savait qu'il n'y avait qu'un petit pas à franchir entre douter de la parole de Dieu et ignorer sa sainteté.

Finalement Satan a menti de nouveau: « Dieu sait, en fait, que le jour où vous en mangerez, vos yeux s'ouvriront et que vous serez comme des dieux, connaissant le bien et le mal. » Il essayait d'émousser sa connaissance de Dieu.

Job

Job chapitre 1 nous montre que cette fois, le diable vient sous l'habit d'un destructeur. Il utilise l'arme de la souffrance pour s'attaquer au corps de Job. Il cherche à lui faire remettre en question la volonté de Dieu. Il pousse Job à avoir pitié de lui-même au lieu de se glorifier dans sa position de fils.

Satan n'a pas utilisé l'arme de la souffrance comme une fin en soi, mais comme un moyen de pousser Job à remettre la volonté de Dieu en question. Après sept jours de silence, le chapitre trois de Job nous rapporte les «pourquoi» de Job. Les amis de Job supposaient à tort que la justice de Dieu devait toujours et automatiquement récompenser la vertu par la double bénédiction de la richesse et de la santé. Ils en concluaient que la souffrance ne pouvait être que la conséquence du péché.

Le combat spirituel

David

La troisième rencontre biblique avec Satan se trouve dans 1 Chroniques 21. Là, Satan revêt l'apparence d'un despote pour attaquer David. Il utilise l'arme de l'orgueil dans le but que le roi utilise son autorité indépendamment de Dieu.

Satan a incité David à faire le recensement des Israélites sans avoir reçu aucune parole de Dieu à ce sujet. En dépit de l'opposition initiale de Joab, cet ordre fut exécuté.

Josué

Le souverain sacrificateur Josué est le quatrième personnage de l'Ancien Testament qui a dû combattre Satan. Dans Zacharie 3, le diffamateur attaque la conscience de Josué avec de l'auto-accusation afin de le conduire dans une fausse impression, celle d'être coupable d'avoir raté la volonté de Dieu.

Il l'a fait en poussant le sacrificateur à penser qu'il était disqualifié du service à cause de ses vêtements sales, alors que Josué aurait dû s'appuyer sur la justification donnée par Dieu.

Cette attaque a eu lieu à un moment crucial de l'histoire juive. Après quarante ans en exil à Babylone, les Juifs avaient commencé à retourner à Jérusalem. Or le grand-père de Josué, Seraja, avait été sacrificateur à l'époque de la prise de Jérusalem et avait été exécuté à Ribla par Nebucanetzar comme le relate 2 Rois 25:18-21. Son père, Jehotsadak, avait été emmené captif à Babylone et comme Josué n'est pas mentionné dans 1 Chroniques 6:15 il est raisonnable de conclure qu'il était né en exil.

Le bruit avait probablement couru que Josué n'était pas propre à la fonction de souverain sacrificateur parce qu'il était un esclave, né en exil, et, de ce fait, souillé, d'où ses vêtements sales ici. Satan aurait profité de cette situation au moment de venir l'attaquer. Mais de manière merveilleuse la grâce de Dieu fut accordée à Josué et il reçut en don des vêtements purs.

La prière efficace

Le combat spirituel dans l'Ancien Testament
L'Ancien Testament fait le récit de la relation de Dieu avec son peuple. Il a été écrit afin de nous servir d'avertissement et d'exemple. Il y a beaucoup d'occasions où l'on voit Israël combattre les ennemis de Dieu. Notre combat aujourd'hui est spirituel, et non pas contre la chair et le sang, mais les exemples de batailles physiques dans l'Ancien Testament établissent des principes qui nous sont utiles dans notre type de combat.

Chaque bataille était livrée avec une stratégie unique: il n'y avait pas de plan de bataille préétabli. Exode 17:9 montre que Dieu a une direction spécifique pour chaque combat à mener. Nous devons donc nous assurer de recevoir nos instructions de la part de Dieu pour le combat spirituel et de ne rien faire à moins que Dieu nous dirige. Toutefois il y a des principes particuliers liés au combat que nous avons besoin de connaître.

La victoire dépend d'une juste utilisation de l'autorité divine
Dans Exode 17:9, Moïse tenait le bâton de Dieu en tant que symbole de son autorité. Le bâton représentait son appel mais Moïse avait dû le laisser tomber avant de pouvoir le relever de manière appropriée.

Voici les passages bibliques qui parlent de notre autorité en Christ:

- ◆ Luc 10:16–20
- ◆ Matthieu 28:18–20
- ◆ Matthieu 16:19.

La victoire dépend de l'unité
Moïse, Aaron, Hur et Josué travaillaient ensemble comme une équipe pour soutenir les bras de Moïse et le bâton de Dieu. Il n'y avait pas de dispute pour savoir qui devait tenir le bâton. Il n'y avait ni division ni compétition et cette unité fit la différence entre la victoire et la défaite. Quand ils soutenaient les bras de

Moïse ils gagnaient, quand les bras de Moïse tombaient, il y avait la défaite.

Des passages tels que Psaume 133:1-3, Matthieu 18:18-20, Jean 17:20-26 et Philippiens 1:27 illustrent l'importance de l'unité dans le combat.

La victoire dépend de la percée

Une percée est « l'action de rompre un obstacle ou une ligne défensive, ou un point de rupture dans cet obstacle ou cette ligne défensive; c'est une avancée importante en terme de connaissance ou d'accomplissement ». Le récit de la bataille de David contre les Philistins dans 1 Chroniques 14:8-17 montre que Dieu est le Dieu de la percée. Il nous sera utile d'étudier ce passage en détail:

Verset 8. Les Philistins attaquent David à cause de son onction et son autorité. La réaction de David en apprenant l'attaque imminente est de se réfugier dans la forteresse. Nahum 1:7 et Psaume 18:2 nous montrent qu'en temps de guerre nous avons besoin d'être dans notre forteresse qui est le Seigneur.

Verset 10. David consulte le Seigneur. Il est d'importance cruciale en toute occasion d'être conduit par le Saint-Esprit, mais spécialement dans le combat spirituel.

Verset 11. David défait les Philistins à Baal-Peratsim mais reconnaît que c'est Dieu qui a opéré la percée. Il est clair qu'il s'agit d'un partenariat.

Verset 12. Les Philistins abandonnent leurs idoles. C'est l'enjeu qui se trouve derrière ce combat: la bataille est spirituelle.

Verset 13. L'ennemi se redéploie et attaque une nouvelle fois. Notez la persévérance de l'ennemi. Mais ils ont surestimé leurs forces.

Verset 14-15. Il y a un changement de stratégie. Cette fois David a dû attendre que Dieu agisse en faveur d'Israël.

Verset 16. David repousse l'ennemi. La victoire est complète!

Hébreux 4:14 donne la description de la plus grande percée de tous les temps. Nous avons besoin de nous approprier des percées qui ont déjà été accomplies pour nous par Jésus. Nous devons déclarer la foi que nous avons et nous attacher fermement à chacune des promesses de Dieu, spécialement celle d'Ephésiens 3:20, en continuant à les confesser dans la prière jusqu'à ce que nous obtenions la percée.

La victoire
Exode 17:15–16 peut être lu de deux manières. Premièrement comme « des mains élevées devant le trône de Dieu » ce qui implique de la prière ou comme « des mains élevées contre le trône de Dieu » ce qui implique de la rébellion. Ces deux lectures nous aident à comprendre la signification complète de ce passage.

Dieu agit à la fois quand il y a rébellion contre lui et quand nous intercédons, en exécutant les jugements de Dieu qui sont écrits. Dieu intervient rarement directement. Il nous utilise, nous, l'église, pour exécuter sa volonté.

Nous sommes impliqués dans le combat pour que nous puissions voir la victoire. Jean 12:31 montre que Jésus est venu mettre Satan dehors et cela s'est passé à la croix. Jésus a déjà remporté une victoire décisive. La bataille entre lui et Satan déterminant la destinée de l'univers est finie. Jésus a triomphé. Colossiens 2:15 et Hébreux 2:14–15 montrent que le royaume de Satan a été déclaré illégitime et illégal et qu'il a été totalement vaincu ainsi que ses démons.

C'est un principe spirituel important qui s'oppose à une certaine pratique du « combat spirituel » qui semble suggérer que nous sommes en position de faiblesse. En réalité nous jouissons déjà de la victoire complète de Christ en matière de combat spirituel.

Jésus-Christ a la position de tête et sa victoire est absolue sur Satan. Ces réalités sont accomplies et totalement garanties (nous l'examinons en détail dans le volume cinq de *l'Epée de l'Esprit, La Gloire dans l'Eglise*). Mais cette position de tête nous est donnée à nous en tant qu'église, afin que nous puissions

Le combat spirituel

marcher dans la victoire de Christ et l'administrer en son nom. Pour l'instant, nous sommes « en formation pour le règne » mais dans le futur royaume de Dieu, nous vivrons et régnerons avec Christ pour toujours.

Ainsi Satan a été vaincu mais pas encore annihilé, c'est-à-dire finalement jugé. Il a été privé de son pouvoir et rendu inopérant. Voici ce qui s'est passé: Satan a été dépouillé de sa puissance et chassé pour toujours de sa position dans les cieux. Il est:

- ◆ Défait, Matthieu 12:28–29
- ◆ Détruit, Hébreux 2:14–15
- ◆ Chassé, Jean 12:31
- ◆ Désarmé, Colossiens 2:15.

Cette victoire est effective depuis 2000 ans. Nous devons en prendre conscience et venir dans la prière dans une attitude d'assurance que la victoire est acquise, et non pas de lutte ou de défaite. De cette position, nous pouvons administrer avec succès la victoire triomphante de Christ dans le monde, selon sa volonté et son plan divins.

L'armure spirituelle

Ephésiens 6:11–17 est la description classique de l'équipement qui nous est donné pour que nous l'utilisions dans le combat spirituel. Paul était emprisonné à Rome et probablement enchaîné à un soldat romain quand il écrivit aux Ephésiens. Sa description de notre armure spirituelle était celle d'un soldat romain, qui était équipé pour le combat corps à corps.

La ceinture de la vérité

La ceinture tenait la tunique romaine serrée laissant le soldat libre de ses mouvements et le rendant de ce fait capable d'engager le combat contre l'ennemi. La ceinture suggère l'attitude militaire qui dit « je suis prêt à combattre ».

Le mot utilisé pour « vérité », *aletheia*, signifie « la vérité, contrastant avec l'erreur ». Ce que nous ne croyons pas est aussi important que ce que nous croyons. L'ennemi essayera de nous tromper en nous conduisant à croire des mensonges. Nous devons veiller sur le monde de nos pensées, en le remplissant constamment par la parole de Dieu.

La cuirasse de la justice
La cuirasse était faite soit de métal fondu pour épouser la forme du cou et du torse du soldat, soit de lin couvert d'écailles protectrices de cornes d'animaux. Elle protégeait les organes vitaux, le cou et le torse. Le dos n'était guère protégé, pour s'assurer qu'aucun soldat ne put faire demi-tour et s'enfuir.

Nous devons éprouver nos cœurs et nous assurer qu'ils sont droits. Nous devons le faire dans une attitude positive d'un désir croissant d'être justes devant Dieu et devant les hommes.

Nous devons savoir que nous avons une justice parfaite devant Dieu en Christ Jésus si bien que nous pouvons venir devant lui dans la foi mais nous devons aussi marcher correctement dans la confession et la repentance. Nous sommes en droit de porter cette armure, mais nous devons la porter à l'endroit!

Les chaussures de l'Evangile de paix
Les chaussures des soldats étaient des bottes à semelles épaisses lacées jusqu'aux genoux. Elles procuraient une bonne stabilité et protection sur les terrains accidentés.

Notre force, notre stabilité, notre protection et la sûreté de notre pas résident tous dans l'Evangile de paix. Il apporte la réconciliation avec Dieu et ne s'appuie pas sur les moyens humains pour faire la guerre. Nous enseignons la réconciliation et non pas la vengeance parce que Jésus est le prince de la paix.

Le bouclier de la foi
Les soldats romains utilisaient deux sortes de boucliers. L'un était petit et arrondi pour éviter les coups dans un combat à

Le combat spirituel

la lance ou à l'épée, l'autre était une lourde planche de bois, épaisse, couverte de cuir traité à l'huile pour éteindre les brûlots piqués sur les flèches ennemies.

Ces boucliers plus larges donnaient au soldat une protection entière dans la bataille. Nous avons besoin d'être mis à l'abri des traits enflammés des tentations séductrices de Satan. C'est la foi qui pourvoit à cette pleine protection, la foi dans les promesses de Dieu.

Une manière dont les soldats se protégeaient eux-mêmes consistait à se tenir ensemble et à faire une sorte de mêlée pour avancer. Lorsque nous nous refermons les uns sur les autres et que nous levons une barrière défensive contre l'ennemi, la protection est augmentée. Nous devons veiller les uns sur les autres. Toutes les instructions contenues dans Éphésiens s'adressent en effet au corps collectif des croyants et non au croyant individuel.

Le casque du salut
Les casques romains étaient faits de cuir solide couvert de métal ou consistaient en un casque de métal assez solide pour résister aux coups d'une lourde épée à large tranchant capable de fendre un crâne non protégé. L'épée à large tranchant de Satan est le doute et le découragement. Dieu nous donne la protection de l'espérance, de l'encouragement et de la persévérance.

L'épée de l'Esprit
Les soldats romains portaient deux types d'épées. La première était une épée à large tranchant qui demandait les deux mains pour être maniée et la seconde était une épée courte ou dague pour le corps à corps. Éphésiens 6 se réfère à la seconde épée plus courte. Nous avons une épée spirituelle efficace qui nous est donnée par le Saint-Esprit. Hébreux 4:12–13 nous montre que cette arme est puissante et précise dans les mains du croyant.

La prière efficace

Le vrai but de l'armure

Ephésiens 6:18 nous montre que le but de l'armure était d'équiper le soldat pour le combat. Et la prière est le combat. La prière n'est pas une autre partie de l'équipement, sinon la comparaison n'est plus valable. La prière n'est pas non plus un prolongement de l'épée de l'Esprit. La prière nous rend capables d'utiliser l'armure. La prière est le champ de bataille. La traduction « Good News » se rapproche le plus de l'original en disant: « Faites tout cela dans la prière. »

Dans Esaïe 59:15–19, le Seigneur était tellement consterné de ne voir personne pour intercéder qu'il décida d'intervenir personnellement. Mais notez avec quoi il s'arme en premier!

La prière de combat

Dans les chapitres précédents nous avons laissé entendre que la prière efficace pour les perdus comprend deux éléments principaux. Premièrement, les messagers humains doivent être équipés et deuxièmement, les obstacles au salut de ces personnes doivent être ôtés. Cette seconde partie s'appelle la prière de combat.

Jésus a repris l'expression hébraïque commune « déplacer une montagne » et l'a investie d'une nouvelle puissance et pour un usage différent. Dans la littérature rabbinique un grand enseignant, capable d'expliquer de manière satisfaisante les passages difficiles des Ecritures était décrit comme quelqu'un qui déplaçait les montagnes.

Cette phrase est inspirée d'Esaïe 40:1–5 où le prophète avait reçu l'ordre de préparer le chemin du Seigneur. Entre autres choses, Esaïe a dû renverser les montagnes de difficultés qui fermaient la route à une plus grande révélation de la gloire de Dieu. Il est fait allusion au fait de déplacer les montagnes dans Esaïe 2:11–16 et la contrepartie consistant à « exterminer » est suggérée dans Lamentations 3:65–66. L'idée est aussi présente dans Zacharie 4:7.

Dans l'antiquité, quand un roi d'Orient voulait voyager dans différentes parties de son royaume, il envoyait une équipe d'hommes, environ six mois à une année à l'avance, pour préparer le chemin. Ces hommes remettaient les ponts aux normes, réparaient les routes, déracinaient des arbres et faisaient généralement tout ce qu'ils pouvaient pour faciliter le voyage et l'arrivée du monarque.

Jean-Baptiste était envoyé pour préparer le chemin du Seigneur, mais les soixante-douze de Luc 10 l'étaient aussi. Ils précédaient Christ deux par deux dans toutes les villes et les villages où il devait passer. Jésus a repris cette pensée de déplacer les montagnes. Il l'a développée dans trois passages parallèles: Matthieu 7:20, Marc 11:22–24 et Luc 17:5–6.

La foi de Dieu

Il est de la plus haute importance de bien comprendre ce passage de Marc 11:22. La plupart des traductions suggèrent que Jésus a dit: « Ayez foi en Dieu. » Mais « ayez la foi de Dieu » correspond à la traduction littérale du texte grec. Nous pourrions même dire: « Ayez foi dans la foi de Dieu. »

La foi de Dieu est absolue. Il est totalement confiant en lui-même. Il sait qu'il peut accomplir tout ce qu'il veut. Déplacer les montagnes n'est pas un problème pour le créateur des cieux et de la terre. Lorsque nous avons une étincelle de la foi de Dieu en nous, la prière de combat devient simple. Jésus nous promet que nous pouvons apprendre à faire confiance dans la foi de Dieu. De cette manière, nous pouvons avoir la même confiance que Dieu a dans sa Parole.

Matthieu 17:20 et Luc 17:5–6 montrent que nous n'avons pas besoin de beaucoup de foi pour déplacer les montagnes, mais que ce dont nous avons besoin, c'est du modèle de foi authentique. C'est la qualité et non la quantité qui compte. D'elle-même, notre foi ne peut rien accomplir du tout, c'est Dieu qui déplace les montagnes. Notre foi ne sert tout juste qu'à nous connecter avec la grande puissance de Dieu.

Paul a promis, dans 1 Corinthiens 12:9 que le Saint-Esprit donnerait le don de foi à certaines personnes. Paul dans le même passage presse ensuite ses lecteurs d'avoir un désir ardent et d'avoir du zèle pour obtenir le meilleur don. Et la foi est aux premiers rangs de la liste.

Il y a cinq étapes dans la prière de combat:

Connaître la volonté de Dieu
Ce type de prière est inutile sans la certitude absolue de connaître la volonté de Dieu. Il faut donc passer du temps à écouter le Père. Nous devons recevoir de sa part ce qu'il identifie comme une montagne de difficulté correspondant aux obstacles qui empêchent à la gloire de Dieu de se manifester et cette personne d'être sauvée.

Nous devons demander au Père quelles sont les circonstances, facteurs et attitudes qui empêchent l'œuvre de Dieu de se développer et de grandir dans cette personne. Chacun des passages susmentionnés montre un type particulier d'obstacle qui doit être ôté.

Marc laisse entendre qu'une relation personnelle, notamment quand il y a non-pardon, peut être l'obstacle.

Matthieu fait allusion au fait que la difficulté consistant à chasser les démons peut exiger ce genre d'intercession.

Luc, en mettant ce passage en relation avec les autres textes sur les arbres comme le figuier, suggère que ces arbres qui ont bonne apparence mais ne portent pas de fruits sont des candidats tout trouvés à l'arrachage. Les chrétiens hypocrites, sans fruits, sont souvent le plus grand obstacle au salut des perdus.

Des ordres pleins d'autorité
Les versets ne disent pas «si quelqu'un me prie…» mais «si quelqu'un dit à cette montagne». Cette prière est adressée à l'obstacle, pas au Père. C'est une intercession violente de l'Ancien Testament de type *paga* qui est caractérisée par des commandements de foi tels que « sois enlevé », « sois jeté dans la mer », « déplace toi », « sois déraciné ».

Si cela paraît étrange à certains, c'est à cause de leur manque d'expérience dans la pratique apostolique de commandements autoritaires dans l'exercice du ministère. Les chrétiens de la première église et un nombre toujours plus grand d'entre eux aujourd'hui parlaient directement aux yeux, aux reins, aux orages, aux démons, aux fièvres et aux cadavres « au nom de Jésus » et leur commandaient d'être changés. Nous crions souvent « fais quelque chose » mais le Seigneur nous souffle à l'oreille: « non, à toi de le faire! » C'est le secret de la guérison de Naaman, de la pêche miraculeuse, de l'ouverture de la mer Rouge et de la taxe payée par Pierre.

Cette autorité exécutive que Christ a donné aux soixante-douze dans Luc 10:1–16 est nôtre aujourd'hui et c'est à nous de l'utiliser. Cela signifie en pratique que si l'obstacle empêchant la conversion de « Jean » se révèle dans la prière comme étant un collègue de travail rempli de scepticisme, il pourrait être juste d'intercéder comme suit: « Au nom de Jésus, j'ôte cet obstacle qui empêche Jean d'écouter l'Evangile. »

Recevoir la foi de Dieu

Une foi «fabriquée maison» est insuffisante pour ce type de prière. Il faut une confiance donnée de Dieu que cela va se passer. Quand le Saint-Esprit donne ses dons de foi venant de Dieu, nous devons prendre l'événement comme étant déjà réalisé.

Croire, ce n'est pas avoir le faible espoir que quelque chose pourrait éventuellement arriver, comme par exemple: « Je crois (mais je ne suis pas vraiment sûr) que Jacques viendra aujourd'hui. » Croire, c'est savoir avec certitude que cela va se passer: « Je crois (il me l'a promis, et le voici qui s'avance vers moi) que Jacques va venir aujourd'hui. »

Une parole soutenue

Le temps grec utilisé signifie que nous devons continuer à dire à l'obstacle « lève-toi et jette-toi dans la mer ». Ce n'est pas un commandement unique donné une fois pour toutes. La persévérance est ici aussi exigée comme pour toute prière.

La prière efficace

Des résultats visibles
La construction de la phrase « cela sera accompli » ou « tout ce qu'il aura dit lui sera fait » (Traduction Darby) souligne la certitude de l'accomplissement. Luc utilise en effet un temps grec qui se réfère à un moment précédant le commandement, par exemple « elle aura obéi » ou « il lui aura été fait ». Ceci accentue que cette prière de combat doit être suivie d'un résultat visible.

Lorsque nous connaissons la volonté de Dieu, que nous recevons la foi de Dieu, et que nous continuons à prononcer un ordre autoritaire, il ne peut pas y avoir de doute quant au résultat : la montagne la plus haute, l'arbre le plus profondément enraciné et l'obstacle le plus inamovible devront tous partir. Le chemin sera aplani pour que la gloire du Seigneur soit vue.

Le champ de bataille des pensées
Tout ce que nous avons dit sur le rôle de la prière dans le combat spirituel fait partie et est précédé d'un combat plus grand qui se livre pour la pensée. Dans 2 Corinthiens 10:4–6, Paul révèle la vraie nature du combat spirituel. Il consiste à amener toute pensée ou croyance qui se tient dans les pensées, captives à l'obéissance de Christ.

A l'évidence, nous sommes des êtres rationnels et nos idées ont des conséquences. Chaque bataille spirituelle avec le diable est en rapport avec notre manière de penser. En effet nos pensées influencent nos choix qui au bout du compte affectent nos émotions et nos sentiments. C'est la raison pour laquelle Satan s'attaque toujours à nos pensées. Il sème de fausses conceptions, que ce soit dans le domaine des sciences, de la philosophie, de la politique ou de la religion.

Pour finir, la plus grande attaque vient sous la forme d'une tromperie concernant la nature et l'intégrité de Dieu lui-même. Relisez ce qui concerne les formes de batailles spirituelles décrites plus haut au sujet de Eve, Job, David et Josué, le souverain sacrificateur. Vous remarquerez rapidement qu'ils ont dû livrer bataille à l'esprit de mensonge et de tromperie.

Le combat spirituel

C'est pourquoi l'arme ultime du combat pour le croyant est la vérité de Dieu et sa parole. Cette parole est la seule chose qui règle son compte au « menteur et père du mensonge », Satan.

En joignant à votre prière une compréhension et une proclamation de la vérité, vous recevrez une perception aiguisée de la vérité et un discernement du mensonge. Vous serez capable de renverser les forteresses que Satan élève dans le monde de la pensée, autant en vous que chez d'autres personnes.

Chapitre Huit

Jeûner

Dans le quatrième chapitre de notre étude, nous avons vu que l'intercession est reliée dans les Ecritures à la prophétie et dans le cinquième chapitre nous avons noté l'association qui existe entre l'action de grâce et les sacrifices. Dans cette section nous allons examiner la relation étroite qui unit la prière au jeûne.

Les mots hébreux pour « jeûner », « le jeûne » sont *tsoûm* et *tsôm* et ils signifient s'abstenir de nourriture et de boisson. L'expression hébraïque *anah nephesh* se réfère aussi au jeûne mais signifie littéralement « affliger son âme » et c'est ainsi qu'elle est traduite habituellement.

Tsoûm et *tsôm* sont utilisés dans Juges 20:26, 1 Samuel 7:6, Esdras 8:23, Esther 4:16, Esaïe 58:3–6, Jérémie 14:12, Joël 2:15 et à bien d'autres endroits aussi.

Anah nephesh est utilisé dans Lévitique 16:29, 31; 23:27, 29, 32, Nombres 29:7, Psaume 35:13 et Esaïe 58:3–10.

Le verbe grec *nesteuo* signifie littéralement « ne pas manger » et il est toujours traduit par « jeûner ». *Nesteuo* et *nesteia*, «un jeûne» sont utilisés par exemple dans Matthieu 6:16–18, Luc 18:12, Actes 13:2–3 et 27:9.

Le jeûne dans l'Ancien Testament
La loi de l'Ancien Testament ne rendait obligatoire qu'un seul jeûne, qui avait lieu chaque année, pour le jour des expiations. Nous pouvons lire à ce sujet Lévitique 16:29–34 et 23:27–32.

Zacharie 8:19 montre qu'après que les Juifs furent retournés d'exil, quatre autres jeûnes obligatoires ont été également observés.

Il y avait aussi des jeûnes volontaires occasionnels. Ils pouvaient être individuels comme dans 2 Samuel 12:22. A

La prière efficace

d'autres occasions ils étaient collectifs comme dans Juges 20:26 et Joël 1:14.

- ◆ Dans l'Ancien Testament, ajouter le jeûne à la prière: Exprimait la douleur, 1 Samuel 31:13, 2 Samuel 1:12, 3:35, Néhémie 1:4, Esther 4:3 et Psaume 35:13-14.

- ◆ Exprimait la pénitence, 1 Samuel 7:6, 1 Rois 21:27, Néhémie 9:1-2, Daniel 9:3-4 et Jonas 3:5-8.

- ◆ Exprimait l'humilité, Esdras 8:21 et Psaume 69:10.

- ◆ Plaidait pour une aide et une direction, Exode 34:28, Deutéronome 9:9, 2 Samuel 12: 16-23, 2 Chroniques 20:3-4 et Esdras 8:21-23.

- ◆ Pouvait être fait en faveur d'autres personnes, Esdras 10:6 et Esther 4:15-17.

Esaïe 58:3-4 montre qu'avec le temps, certains Juifs en étaient venu à penser que le fait de jeûner mettait automatiquement Dieu à leur écoute. Mais Esaïe 58:5-12 et Jérémie 14:11-12 rapportent comment les prophètes ont déclaré que le jeûne était inutile s'il n'était pas associé à un style de vie selon Dieu. Le jeûne n'est pas une grève de la faim pour obtenir ce que l'on veut de la part de Dieu!

Certains jeûnes de l'Ancien Testament étaient entrepris pour de mauvaises raisons. Ils étaient une abomination aux yeux de Dieu. Il y a toutefois des exemples tout à fait extraordinaires dans l'Ancien Testament où des nations, des villes et des individus se sont tournés vers Dieu dans le jeûne, et Dieu les a honorés.

Dans 2 Chroniques 20:3, Josaphat a proclamé un jeûne dans Juda et le Seigneur apporte une puissante délivrance. Les gens s'étaient préparés dans le jeûne, ce qui impliquait également une vraie repentance et le fait de se tourner vers Dieu dans l'intercession. Puis, par la louange, ils ont obtenu la victoire.

Jonas 3:5 nous montre comment les Ninivites se sont repentis et ont jeûné en réponse à la prophétie de Jonas annonçant un jugement. Lorsque Dieu a vu cela, il a sauvé la

Bien que dans certaines circonstances, le jeûne soit choisi par Dieu comme une manière de venir devant lui dans la prière, 2 Samuel 12:15-18 montre que ce n'est pas une formule toute faite pour obtenir un exaucement.

Le jeûne dans le Nouveau Testament

La mort et la résurrection de Jésus-Christ ont totalement accompli ce qui était fait chaque année dans l'Ancien Testament le jour des expiations. Ceci signifie qu'il n'y a plus aujourd'hui d'obligation légale de jeûner.

Colossiens 2:13-23 explique que toute œuvre visant à satisfaire la loi, un rituel ou un cérémonial est devenue caduque, parce que Jésus a accompli toute la loi. C'est la raison pour laquelle le jeûne rituel a été aboli, car il aurait remis en question l'œuvre complète de Jésus-Christ. Nous vivons par la grâce.

Cela ne veut pas dire que nous ne devons pas jeûner. Mais cela signifie que nous ne sommes pas obligés de jeûner, soit pour devenir juste, soit pour accomplir un devoir légaliste. Jésus ne condamne pas le jeûne dans Matthieu 5-7, il condamne plutôt le jeûne qui est fait avec de mauvaises motivations. En fait, il apprend comment jeûner à ceux qui le suivent.

Jésus s'attendait à ce que ses disciples pratiquent le jeûne

Même si nous n'avons pas de texte où nous voyons Jésus ordonner à ses disciples de jeûner, ses paroles dans Matthieu 6:16-18 signifient nécessairement qu'il s'attendait à ce que ses disciples pratiquent le jeûne.

De plus Luc 5:35 montre que Jésus savait que ses disciples jeûneraient et semble approuver cette discipline. Il serait étrange que Jésus parle ainsi, si le jeûne n'était pas inclu dans la discipline régulière de la vie chrétienne.

Dans Luc 5:35 (et Marc 2:20 et Matthieu 9:15), Jésus parla du temps où il ne serait plus avec ses disciples et leur dit que ce temps serait favorable au jeûne.

Or, Jésus n'est plus physiquement au milieu de nous. Ses

La prière efficace

disciples vivent donc dans un temps approprié pour jeûner et voir les buts de Dieu s'accomplir.

Le jeûne de Jésus dans le désert
Luc 4:1–14 décrit le long jeûne de 40 jours de Jésus, qui semble rappeler et accomplir les jeûnes de Moïse et Elie relatés dans Exode 34:28 et 1 Rois 19:8.

Jésus faisait deux choses dans le désert:

- Il se préparait pour le ministère
- Il combattait le diable.

Si pour Jésus, le jeûne était une contribution importante à ces deux missions, combien plus devrions-nous apprendre les valeurs et la puissance du jeûne aujourd'hui!

Avant le jeûne de Jésus dans le désert, Luc décrit Jésus comme « rempli du Saint-Esprit ». Après son jeûne, Luc le décrit comme « revêtu de la puissance de l'Esprit ». C'est un exemple important pour nous.

L'Esprit a attiré Jésus dans le désert où il n'y avait pas de nourriture. Là il a jeûné, et cette action était dirigée par l'Esprit, il ne s'agissait pas d'un devoir légal. Cela signifiait que lorsque Jésus a rencontré Satan, il était complètement rempli de puissance, préparé par l'Esprit et capable de vaincre Satan.

Le jeûne dans la première église
La première église, telle qu'on la voit dans les Actes, semble avoir attaché de la valeur au jeûne car il avait une place importante dans la vie et la pratique de la communauté chrétienne. Il était rare qu'une décision soit prise concernant les leaders ou la direction de l'église sans qu'intervienne la prière et le jeûne. Par exemple ils ont jeûné:

- Quand ils ont choisi des missionnaires, Actes 13:2–3
- Quand ils ont désigné des anciens, Actes 14:23
- Durant leur ministère, 2 Corinthiens 6:5, 11:27.

Jeûner

Il en ressort que le jeûne semble devoir occuper une place dans nos vies privées comme dans notre vie communautaire, tout en restant l'exercice de notre libre volonté. Individuellement et en tant qu'églises, nous devons redécouvrir le but du jeûne et lui redonner la place qui lui revient dans nos vies.

Ce que le jeûne n'est pas

Le jeûne ne poursuit pas un idéal ascétique

L'ascétisme ou une forme rigoureuse et pas naturelle de reniement de soi est une pratique non biblique. Il maltraite le corps et déshonore le Seigneur qui a créé le corps pour qu'il soit le temple du Saint-Esprit.

L'idée de l'ascétisme est entrée dans l'église en partie grâce à une philosophie grecque erronée et certaines formes de gnosticisme qui considéraient le corps comme pécheur et par conséquent comme un obstacle à la vie de l'Esprit. Ceci conduisit à un jeûne excessif, des veilles incessantes et d'autres formes d'abus physiques. Colossiens 2:23 donne la position biblique sur ce sujet.

Au mieux, la tendance à jeûner de manière excessive est un zèle mal à propos, au pire, cette tendance peut être vraiment démoniaque. L'ascétisme se retrouve fréquemment dans les religions païennes, dans les sectes et dans les pratiques occultes. Nous avons besoin d'une nourriture équilibrée et de sommeil afin d'être forts et en bonne santé pour Jésus.

Les passages suivants donnent un éclairage biblique pertinent sur le sujet: Lévitique 19:28, Deutéronome 14:1 et 1 Rois 18:28.

Le jeûne n'est pas fait pour se mortifier

Le jeûne n'a pas de valeur en tant que moyen de régler la question de nos pulsions et notre inclination au péché dans nos vies, dans la chair. Il ne nous rend pas saints. Le compte de la chair n'est réglé que par la puissance de l'Esprit, en mettant à mort ses œuvres charnelles qui sont associées à d'anciennes manières de vivre non chrétiennes.

En fait le jeûne qui poursuit le but de la mortification fait plutôt le jeu de la chair qui, elle, prend grand plaisir à se donner en spectacle dans une forme extérieure de soi-disant « spiritualité ». Lorsque Jésus a enseigné aux gens comment jeûner, il leur a dit que cela devait être fait en secret.

Cela dit, même si le jeûne ne règle pas les problèmes de la chair, il n'est pas faux de jeûner pour certains aspects du péché dans nos vies. Toutefois c'est la repentance et la consécration suscitées par l'Esprit qui nous changeront, et non le jeûne par lui-même.

Le jeûne n'est pas une forme de mérite personnel
C'est de la folie de penser que par le jeûne ou tout autre acte, nous pouvons gagner la faveur de Dieu, recevoir sa grâce ou le forcer à nous bénir ou à répondre à nos prières. La grâce de Dieu nous est donnée gratuitement. Il ne répond à nos prières que par Jésus-Christ et à cause de son œuvre parfaite à la croix.

Le jeûne n'est pas un moyen de se grandir
Les Pharisiens avaient une approche ostentatoire du jeûne, comme dans toutes les pratiques religieuses. Ils attiraient l'attention sur leurs deux jours de jeûne par semaine de manière plutôt forcée. Tout cela n'était que de la poudre aux yeux spirituelle. Mais Jésus a condamné cette attitude dans Matthieu 6:16–18 et a précisé que la récompense du jeûne n'est réservée qu'à ceux dont les motivations sont justes.

Ce que le jeûne est vraiment
Le jeûne peut être bon pour raisons de santé, spécialement en occident où l'habitant moyen consomme beaucoup trop de nourriture.

Le jeûne peut aussi bénéficier à d'autres. Si tous les croyants en Grande Bretagne sautaient un repas par semaine et donnaient l'argent économisé (environ 2 livres sterling) pour les missions dans le monde, cela doublerait le montant des offrandes missionnaires en Grande Bretagne.

Mais la raison principale du jeûne est spirituelle. Toute la signification du jeûne est dans le fait de chercher Dieu. C'est en tout premier lieu un ministère qui est dirigé vers le Seigneur. Il y a trois raisons principales pour lesquelles jeûner:

Une expression de notre regret par rapport au péché
2. Samuel 1:11–12 nous montre comment le jeûne est une expression de douleur et de deuil. Le jeûne peut être une réaction naturelle mais il peut aussi dépasser cela et devenir un moyen de venir devant Dieu pour lui exprimer notre profonde préoccupation et douleur sur différents sujets, comme ce fut le cas pour Néhémie (1:4).

Néhémie était désolé, démoli en apprenant l'état de sa nation. Les murs de Jérusalem étaient détruits et l'héritage de Dieu était en ruines. Alors Néhémie a jeûné devant le Seigneur et pris le deuil. Jeûner de cette manière est légitime et nous pouvons expérimenter la bénédiction de Matthieu 5:4.

Nous pouvons réagir de la même manière sur n'importe quelle situation concernant la nation, l'état de l'église ou des problèmes personnels qui nous arrivent.

Dans la Bible, un jeûne de ce type est souvent accompagné par la désolation par rapport au péché et l'humiliation devant Dieu pour obtenir sa miséricorde. En jeûnant, il ne s'agit pas de «faire pénitence» pour le péché mais de montrer notre compréhension personnelle du sérieux du péché.

Une expression de sérieux avec Dieu
Dans toute la Bible, le jeûne est lié à la prière. Il n'est pas suffisant de seulement jeûner. Tout le but du jeûne est de créer plus de temps pour prier et de montrer le sérieux que nous attachons à notre but dans la prière.

Lorsque nous jeûnons nous disons à Dieu: « Seigneur, cette situation qui m'a amené sur mes genoux devant toi, me touche plus que mes besoins physiques quotidiens de manger et me nourrir. »

La prière efficace

Le jeûne est puissant parce que nous venons à Dieu avec un sérieux plus profond. C'est cette détermination que Dieu honore, et dans le jeûne elle prend une nouvelle dimension. Esaïe 58 parle de liens spirituels et non pas simplement physiques ou sociaux, qui peuvent être brisés dans le jeûne par la puissance du Saint-Esprit.

Cette plus grande manifestation de puissance spirituelle peut être aussi visible quand nous prenons le temps de jeûner et prier pour nos ministères. Après une période de prière et de jeûne, il y a habituellement une plus grande puissance et onction, spécialement dans les dons spirituels, qui peut résulter dans de nouvelles percées au niveau personnel.

Une bénédiction
Jésus a promis que le Père récompenserait ceux qui le chercheraient avec sincérité et un cœur entier. Matthieu 6:18 montre que cela inclut le fait de jeûner comme Dieu le demande.

Il y a quelque chose de puissant en ce qui concerne le jeûne et si le jeûne est entrepris avec un cœur pur et les bons motifs, il nous rapprochera de Dieu. Jacques 4:10 et Esaïe 40:31 illustrent ce principe.

Quand jeûner
Dans un sens, ce n'est pas nous qui décidons quand jeûner, c'est Dieu. L'appel à jeûner vient comme un désir profond donné de Dieu, de chercher le Seigneur dans la prière et de jeûner. Parfois l'incitation à jeûner viendra de manière soudaine par le Saint-Esprit, mais elle vient normalement comme une réponse à une situation ou à un besoin. Mais lorsque l'Esprit nous pousse, nous savons que le temps de jeûner est venu.

Ceux qui s'engagent à jeûner en suivant une discipline régulière, certains jours ou à intervalles réguliers, doivent s'assurer qu'ils sont vraiment dirigés par le Seigneur. Sinon le jeûne ne deviendra rien de plus qu'une pratique rituelle extérieure.

Jeûner

Comment jeûner
Voici quelques points pratiques à considérer:

- ◆ Commencer avec des jeûnes courts de un à trois jours. Les jeûnes de longue durée peuvent être dangereux et doivent être abordés avec précaution. Rappelez-vous que le but est de chercher Dieu et non pas seulement de se priver de nourriture. Un jeûne rigoureux peut nous éloigner de Christ, donc nous devons nous assurer que c'est bien le Saint- Esprit que nous entendons et non pas notre propre enthousiasme.

- ◆ Ne vous privez jamais d'eau pendant un jeûne. Le corps humain peut survivre plusieurs semaines sans nourriture mais seulement quelques jours sans eau.

- ◆ Des maux de tête peuvent se produirent dans les premiers jours du jeûne et sont dus à la caféine et à l'élimination des carbohydrates. Ces effets peuvent êtres atténués par le fait de diminuer graduellement notre quantité de nourriture pendant les jours qui précèdent le jeûne.

- ◆ Un jeûne partiel, c'est-à-dire se priver de certains repas ou d'un certain type de nourriture, peut être aussi efficace qu'un jeûne total. C'est le jeûne décrit dans Daniel 1. Les jeûnes partiels sont spécialement utiles à ceux qui ont un programme de travail chargé et trouvent difficile de s'engager dans un jeûne complet.

- ◆ Rappelez-vous que la nourriture est un don de Dieu. Les temps de festin peuvent être aussi spirituels que les temps de jeûne. Nous devons nous assurer que notre jeûne ne nous conduit pas dans un déséquilibre alimentaire.

Chapitre Neuf

Les langues

Dans ce livre nous nous sommes concentrés sur les nombreuses et diverses formes de prière. Toutes ces prières impliquent le fait de parler au Père, par le Fils, dans le Saint-Esprit, dans une langue qui nous est connue.

Néanmoins le parler en langues, en grec *glossolalia*, est une prière qui, bien qu'étant adressée au Père, par le Fils, dans l'Esprit, est faite dans une langue que nous ne connaissons pas et que nous n'avons pas apprise.

Qu'est-ce que le don des langues?

Un miracle
Le parler en langues apparaît quand nous prions Dieu dans une langue que nous n'avons jamais apprise et cela ne peut être qu'un miracle! Le parler en langues est un phénomène surnaturel, c'est le Saint-Esprit qui nous donne des mots que nous ne pouvons pas comprendre afin que nous puissions parler plus efficacement au Père.

Quelque chose d'important
Certains leaders accusent les pentecôtistes d'exagérer l'importance des langues. Ils laissent entendre que le don des langues est une excentricité sans importance, une aberration corinthienne insignifiante, glissée dans une moitié de verset biblique ici où là. D'autres ont argumenté en disant que le phénomène des langues a cessé après le temps de la première église et que le don des langues ne devrait pas être pratiqué de nos jours ni désiré. Il y a néanmoins, dans le cadre de ce débat, cinq passages importants des Ecritures qui doivent être examinés avec la plus grande attention:

La prière efficace

Marc 16:15–20, Actes 2:1–13, Actes 19:1–17 et 1 Corinthiens 11:2 et 14:40.

Un langage
Le parler en langues est un langage donné par le Saint-Esprit, qui rend le croyant capable de prononcer des mots. Il ne s'agit pas seulement de sons. Les sons peuvent précéder les mots comme dans tout développement à l'intérieur une langue, mais un langage avec sa syntaxe spécifique suivra rapidement.

Un signe
Dans Marc 16:17, Jésus annonce que les langues seront l'un des cinq signes qui accompagneront ceux qui prêcheront l'Evangile.

Cela signifie que les langues jouent un rôle pour amener les incroyants à la foi en Christ. Paul le souligne dans 1 Corinthiens 14:22. Nous en avons un exemple le jour de la Pentecôte où la louange et le mystère des langues ont participé au défi lancé à la foule.

Une évidence
Dans Actes 10:44–48 les langues sont acceptées comme la preuve que la maison de Corneille a reçu le Saint-Esprit. Celui qui n'a pas été rempli du Saint-Esprit par Jésus ne parlera pas en langues. La prière en langues est réservée à ceux qui ont été remplis du Saint-Esprit.

Un don de Dieu
1 Corinthiens 14:5 nous enseigne que le parler en langues est un don mis à disposition de tous les croyants pour soutenir leurs prières et leur adoration. Cela montre aussi que c'est un don donné à l'église pour la construire dans l'adoration et pour qu'elle lance un défi aux incroyants.

La manière dont ce don est reçu et dont il évolue nous indique que le parler en langues est le produit d'une coopération entre Dieu et l'homme. De notre côté, nous ne pouvons pas inventer un langage, et Dieu, de son côté ne nous impose pas une langue contre notre volonté. Nous mettons à disposition nos cordes vocales, notre souffle, notre langue, notre palet, nos dents et nos lèvres; le Saint-Esprit apporte les mots. Nous mettons en mouvement notre mécanisme producteur de sons et nous prononçons comme ils viennent les mots que l'Esprit nous suggère. Le volume, la rapidité, le démarrage et l'arrêt, sont tous sous notre contrôle.

Des langues nouvelles et autres langues
Le don est décrit comme de « nouvelles langues » dans Marc 16:17 et comme « d'autres langues » dans Actes 2:4. En grec, ces adjectifs sont *kainos* et *heteros*, qui signifient que ces langues sont nouvelles, pas dans le sens qu'elles n'ont jamais été entendues, mais nouvelles pour nous, différentes de la langue que nous avons l'habitude d'utiliser.

Des langues angéliques
Une langue particulière n'est pas nécessairement une langue connue des hommes. 1 Corinthiens 13:1 suggère la possibilité qu'il puisse s'agir d'une langue angélique.

Un feu
Actes 2:3 donne la description de « langues de feu ». Dans l'Ancien Testament le feu est tombé sur l'autel du temple qui venait d'être construit. Ce feu, en mettant le feu à l'offrande démontrait que cette dernière était acceptée par Dieu. Le parler en langues est donné aux croyants aujourd'hui pour nous équiper pour le ministère et nous mettre en feu pour entrer dans l'action.

Ce don a déclenché la libération des gens dans une ferveur et un service au caractère surnaturel et il est souvent vécu comme l'expérience consciente d'une assurance.

Prier sans cesse
Dans Jean 4:14 Jésus indiquait que l'eau vive qu'il devait

La prière efficace

donner, que nous comprenons comme représentant le Saint-Esprit, jaillirait constamment de l'être intérieur des croyants. Cela fait allusion au Psaume 36:10 et Esaïe 58:11.

Serait-il exagéré de penser que le don des langues est l'une des facettes de cette fontaine qui jaillit de l'intérieur et offre lumière et louange à Jésus? Le fait de prier en langues de manière audible serait alors simplement un réglage de volume pour permettre au bouillonnement de cette source intérieure éternelle d'être entendu.

Les malentendus courants

Ce n'est pas un message de Dieu

Beaucoup de gens font toute une affaire des « messages en langues » mais 1 Corinthiens 14:2 ne laisse aucune ambiguïté: les langues sont dirigées vers Dieu, par vers l'homme. Les langues sont un mode de prière, pas un mode de communication. Lorsque nous utilisons ce don, nous nous adressons à Dieu. Ceci signifie que toute explication ou interprétation de langues sera faite sous la forme d'une prière ou d'une louange. Il s'agira de nous qui parlons en langues à Dieu et non de Dieu qui nous parle.

Ceci ne veut pas dire que l'interprétation des langues ne puisse pas être utilisée par Dieu pour communiquer un message. Par exemple la phrase: « O Dieu qui tient ses promesses, nous louons ton saint Nom » peut être la parole qui tombe juste à point pour aider quelqu'un qui lutte par rapport à une promesse dont il n'a pas vu l'accomplissement. Toutefois l'interprétation aura dû-t être, à proprement parler, une prière ou une louange au Dieu qui tient ses promesses, et non un message de Dieu pour nous rappeler qu'il garde sa parole.

Il ne s'agit pas d'un talent linguistique

Le don des langues n'était pas et n'est pas un raccourci pour la communication dans l'œuvre missionnaire. Les langues n'étaient pas nécessairement la langue des gens auxquels les disciples prêchaient. Les foules à la Pentecôte ont entendu

Les langues

les disciples louer Dieu dans leur propre langue mais lorsque Pierre a prêché, il a utilisé sa propre langue.

Il ne s'agit pas d'une anomalie psychologique
Le parler en langues n'est pas une éruption du subconscient. Il n'est pas le résultat d'une suggestion, pas plus qu'il n'est lié à la schizophrénie, l'épilepsie ou l'hystérie. En fait, le manque d'excitation dans l'expression les langues montre bien qu'elles peuvent décevoir ceux qui rechercheraient un excitant spirituel plutôt qu'une aide pour une prière plus profonde.

Ce n'est pas un miracle lié à l'audition
Certains émettent l'hypothèse que le miracle des langues ne s'est pas produit dans la bouche de ceux qui parlaient mais dans l'oreille de ceux qui écoutaient. Cela serait en effet un miracle remarquable, mais la Bible ne laisse rien entendre de tel. Tout au contraire, car une telle possibilité rendrait le don d'interprétation inutile.

Ce n'est pas un don sujet à restriction
Certains comprennent correctement le « tous... » de 1 Corinthiens 12:29–30 et pensent avec raison que la réponse à cette question est négative. Mais ils vont plus loin dans leur déduction en concluant que les langues ne sont pas pour tout le monde mais seulement pour quelques personnes. Là, ils se trompent.

1 Corinthiens 12:27–30 fait allusion à la structure du ministère dans l'église. Ce texte souligne la pluralité du ministère en faisant la liste de neuf catégories différentes de ministères. La réponse négative implicite de Paul répond à deux questions: « Tous les croyants devraient-ils apporter des prières en langues durant l'adoration publique de l'église? » et: « Tous les apôtres, prophètes et enseignants et c... devraient-ils avoir un ministère public dans les miracles, la guérison, les langues et c...? »

La prière efficace

Le « non » de Paul ne suggère pas que seul un nombre restreint de croyants pourront prier en langues dans leur vie de prière privée. Il me semble que 1 Corinthiens 14:5 montre qu'il est possible à tous de parler en langues. Ceci fait écho à Marc 16:17.

Il ne s'agit pas d'un acte indépendant de notre volonté Certains maintiennent encore aujourd'hui que les langues sont du domaine de l'extase à savoir que nous ne pouvons pas contrôler le don et que nous pouvons prier en langues seulement quand Dieu nous « fait » parler en langues. En réalité, nous avons un contrôle complet sur le phénomène. C'est la raison pour laquelle les langues peuvent être réprimées.

Nous pouvons ajuster le volume et faire varier la vitesse. La plupart des gens peuvent parler en langues sans faire de bruit audible. Les mots sont formés de manière habituelle, avec la langue qui bouge rapidement, mais les lèvres restent fermées afin d'éviter que le son soit entendu. Malheureusement certaines personnes « marmonnent » en langues et c'est pour cela qu'elles donnent l'impression que les langues sont un phénomène indépendant de leur volonté.

L'édification de l'église
1 Corinthiens 11 à 15 contient un enseignement détaillé sur l'adoration publique d'une église locale. Ces chapitres mettent l'accent sur la place centrale de la Sainte Cène (communion), la place des femmes, la prééminence de l'amour et le besoin des dons spirituels, y compris la prière en langues, expliquant que ces choses doivent être exercées dans les cultes d'une église locale.

Le verbe clef du chapitre 14 est *oikodomeo*. Il est habituellement traduit par « édifier » mais sa traduction est mieux servie par le mot « construire ». Nous pouvons comprendre cela plus complètement par la phrase : « construire dans l'unité pour encourager. » Si nous désirons que l'église se construise ensemble et dans l'encouragement, nous devons apporter une attention particulière à 1 Corinthiens 14. C'est

Les langues

de ce chapitre que nous tirons les principes qui suivent sur l'utilisation du don des langues dans l'adoration publique:

- ◆ Le croyant qui apporte une prière en langue en public, durant une réunion, est construit.

- ◆ Il est souhaitable et possible pour tous d'utiliser ce don en public.

- ◆ Une interprétation n'est pas une traduction. Le verbe grec *diermeneuo* signifie « expliquer pleinement ». Il est utilisé dans Luc 24:27 pour décrire la manière dont Jésus explique les Ecritures. Le mot « interprétation » donne l'impression qu'un parler en langues est traduisible mais l'interprétation d'un parler en langues en donne les grandes lignes, communiquées par le Saint-Esprit.

- ◆ La prière en langues suivie de l'interprétation « construit ensemble et construit vers le haut » l'église locale.

- ◆ C'est l'interprétation qui devrait faire l'objet de l'attention puisqu'elle est l'élément constructif de l'église locale.

- ◆ Ceux qui ont reçu le don des langues devraient prier pour le don d'interprétation.

- ◆ Nous ne devrions pas manquer d'équilibre, en priant seulement avec l'intelligence ou seulement en langues. Le culte public devrait comprendre les quatre éléments suivants de manière équilibrée: la prière avec l'intelligence et la prière en langues, chanter des louanges avec l'intellect et chanter des louanges en langues.

- ◆ Nous choisissons soit de prier en langues soit de prier dans notre langue naturelle.

- ◆ La prière en langues peut être une expression de reconnaissance.

- ◆ La prière en langues est un signe pour les incroyants.

La prière efficace

- ◆ Notre motif pour la prière devrait consister à être en bénéfice à l'église et non pas à attirer l'attention sur nous-mêmes.
- ◆ Le don des langues ne doit pas être étouffé.
- ◆ Une prière en langues devrait être dite *euschemonos* (1 Corinthiens 14:40). Dans la plupart des traductions de la Bible ce mot est rendu par « de manière décente » mais il peut être mieux compris par l'expression « avec grâce ». Un parler en langes ne devrait pas être mal articulé mais donné lentement, dans toute sa beauté, afin que tout le monde puisse l'entendre.

Certaines personnes pensent qu'une interprétation des langues rend inutile le parler en langues qui a précédé. « Pourquoi les langues », disent-ils, « pourquoi pas seulement l'interprétation? » Il y a deux réponses à cette question.

Premièrement, même si les deux dons forment une seule pièce, chaque élément a une fonction unique. Les langues sont un signe pour les incroyants par le fait qu'il s'agit d'une manifestation surnaturelle évidente; et l'explication, donnée par l'interprétation, construit l'église. Pris ensemble, ces deux éléments glorifient Dieu.

Deuxièmement ces dons sont présentés dans le contexte de l'enseignement de Paul sur le corps de Christ. Chaque don a besoin d'un autre pour être complet. Ceci souligne le fait que personne ne joue le rôle d'homme orchestre. L'interprétation a besoin d'une langue et la langue a besoin d'une interprétation. Ensemble elles forment un tout.

Les langues et l'évangélisation

Marc 16:16–17 fait la liste de cinq signes qui démontrent aux incroyants la vérité de la parole proclamée et donnent un aperçu de la puissance et de la gloire du Dieu vivant. Les langues sont un de ces signes qui sont donnés pour être utilisés dans une évangélisation sérieuse.

Les langues

1 Corinthiens 14:22 dit clairement que les langues sont un signe pour les incroyants. Ici, Paul révèle que la prière en langues est un élément de l'adoration chrétienne qui lance vraiment un défi aux incroyants.

Certains leaders réservent la prière en langues aux réunions entre croyants. Ils pensent que le fait de prier en langues va choquer les incroyants et ils se basent sur l'idée que la référence de 1 Corinthiens 14:21 à Esaïe 28:11–12 montre que les langues sont un signe « contre » les incroyants.

Mais le fait que les Samaritains ne voulussent pas écouter Dieu ne signifiait pas que Dieu ne leur parlait pas. Tous les signes de Marc 16 peuvent être rejetés, et le sont souvent, par ceux qui en sont spectateurs mais cela n'est pas une raison suffisante pour ne pas les utiliser dans l'évangélisation.

Les chrétiens qui ont été soumis à des faux enseignements sur ce don disent souvent avoir été offensés par l'utilisation des langues, même quand il s'agissait d'un parler en langues tranquille, plein de grâce, ordonné et plein d'adoration! Toutefois l'utilisation juste des langues et de l'interprétation intriguera et étonnera le plus souvent les incroyants.

Dans l'évangélisation, les langues sont essentiellement utilisées comme un signe. Elles démontrent qu'un Dieu surnaturel est entré en scène, elles font refluer le diable et elles permettent la réception de directions vitales. Pour le bien du monde qui nous entoure, cette utilisation des langues doit être redécouverte.

L'usage des langues
Le don des langues peut être utilisé dans tous les domaines de la prière, dans l'action de grâce, la confession, la pétition, l'adoration, la supplication, l'intercession, la louange etc... Toutefois il y a six domaines dans lesquels, semble-t-il, si nous vivons dans l'Esprit, les langues seront utilisées naturellement, soit sur le plan individuel, lorsque nous prions seuls, soit sur le plan collectif, quand nous sommes rassemblés.

La prière efficace

L'adoration
Lorsque nous adorons, le don des langues peut nous aider à exprimer notre amour pour Jésus d'une meilleure manière que notre simple langage humain. Nous luttons dans nos relations humaines pour trouver une manière plus créative et significative de dire « je t'aime ». Dans notre relation avec Dieu le don des langues opère cela de la plus belle manière, encore plus adéquate qu'aucune œuvre artistique humaine ne pourra jamais le faire.

L'intercession
Le don des langues est particulièrement valable dans l'intercession quand nous ne savons pas quoi prier. Romains 8:26 nous promet que l'Esprit nous aide dans notre faiblesse. Il nous est souvent demandé de prier pour une personne dont nous ne connaissons aucunement les besoins. C'est dans ce genre de situation que le parler en langues est des plus utiles. L'Esprit intercédera en nous, selon la pensée de Dieu.

La percée
Le don des langues est une aide dans l'accomplissement de percées spirituelles. Nous avons vu ce qui concerne la « prière de combat » dans le chapitre sept et les langues peuvent être utilisées de cette manière « guerrière ».

Les réponses à la prière sont souvent lentes à venir, soit à cause de l'opposition démoniaque soit parce que Dieu est en train d'imprimer la patience et la persévérance dans nos vies. Lorsque notre foi est en bas à cause d'un retard dans l'exaucement, nous devrions prier en langues. La foi de Dieu n'est jamais en bas et c'est notre esprit qui est en phase avec cette sorte de foi divine.

Dans les situations impossibles, lorsque l'opposition est grande ou les circonstances bien sombres, nos prières peuvent facilement devenir des déclarations de doute. C'est dans ces moments là que le don des langues peut être tellement utile.

Les langues

La prière en langues est pleine de la foi de Dieu. Elle est pleine de sa confiance en lui.

Les lamentations
Ce don peut être utilisé pour exprimer de la tristesse. Beaucoup d'entre nous trouvons difficile de nous lamenter devant Dieu. Comment pouvons-nous déverser notre angoisse devant des événements tels que Dunblane, le Ruanda, un tremblement de terre, un avion qui s'écrase ou une atrocité terroriste comme le 11 septembre à New York ou le 7 Juillet à Londres? Comment pouvons-nous devenir participants de l'agonie de Dieu? La prière en langues peut être une lamentation de poids face aux indicibles horreurs d'un monde qui est en train de récolter les résultats du péché humain et du jugement divin.

La reconnaissance
Comment la langue française peut-elle exprimer la reconnaissance de manière adéquate face à la conversion d'un enfant des rues ou la guérison d'un ami proche? «Merci» semble un mot si servile. La prière en langues est de beaucoup la meilleure expression. Nous savons, à ce moment là, que notre merci a été dit de la bonne manière. Le don des langues a donc une place particulière dans l'action de grâces.

La préparation
Le don des langues participe à notre construction. Beaucoup témoignent du fait que de prier en langues de manière régulière, fréquente et consistante, a joué un rôle significatif dans la transformation de leur vie. De témoins inefficaces, ils sont devenus des témoins dont le témoignage a porté un fruit durable.

La prière en langues est recommandée lorsque nous savons qu'une conversation ou une réunion particulières vont avoir lieu et que nous ne sommes pas sûrs de la manière dont procéder dans cette situation. Ce don est fait pour ces moments où nous sommes incertains quant à la volonté de

La prière efficace

Dieu. Nous devrions prier en langues en nous concentrant sur les personnes que nous allons rencontrer.

Il apparaît en effet possible de concentrer ou diriger notre prière en langues. La prière est dans notre esprit et la direction est dans notre pensée. Nous pouvons nous représenter des gens avec les yeux de notre pensée et ensuite commencer à prier en langues pour eux. Beaucoup ont expérimenté le fait que cette discipline, jointe à la prière dans leur propre langue et le jeûne, apporte des résultats qu'on ne verrait pas autrement.

Les langues dans un contexte collectif

Certains de ceux qui critiquent le parler en langues considèrent que le chant ou la prière en langues de l'assemblée est interdite par 1 Corinthiens 14:23. Toutefois, ce passage parle plus d'un grand nombre de personnes priant tous en langues les uns après les autres qu'il ne parle d'une situation où tous prient la même prière, au même moment, dans leurs langues célestes.

Dans 1 Corinthiens 14, Paul montre qu'il ne devrait y avoir que quelques parler en langues qui se suivent et que ces langues devraient être interprétées ou expliquées d'une manière ou d'une autre. Il ne fait pas de commentaires sur une utilisation collective des langues.

Beaucoup d'assemblées prolongent un chant particulier dans leur propre langue par un chant en langues. Lorsque cela arrive, ils expriment le thème de ce chant ou de ce cantique dans leurs langues célestes.

Certaines personnes suggèrent que le mot hébreu *selah* qui apparaît fréquemment dans les psaumes représente une pause de l'assemblée pour permettre aux musiciens de jouer un thème sur le psaume. Peut-être le chant en langues ou dans l'esprit est le selah d'une réunion.

Lorsque les gens chantent ou prient en langues tous ensemble, il y a une unité donnée de Dieu à leur louange ou à leur prière. Quand deux cents personnes chantent en langue il n'y a pas deux cent chants ayant chacun besoin d'une interprétation, ce qui serait une cacophonie. C'est au contraire un même chant chanté de deux cent manières différentes, et c'est très beau.

De même, quand une assemblée prie en langues simultanément, il s'agit d'une seule prière priée de différentes manières avec différentes langues.

Commencer à parler en langues
La prière en langues est seulement réservée aux croyants qui ont été remplis du Saint-Esprit. Ceux qui désirent recevoir ce don doivent bien sûr croire qu'il y a quelque chose qui s'appelle la prière en langues. Il peut être utile de demander à un ami de faire une démonstration de prière en langues, spécialement si l'on est inquiet au sujet de la question de la perte le contrôle.

Nous devons aussi croire que les langues sont pour nous. Certaines personnes ont cette notion que « si Dieu veut que je parle en langues, il se débrouillera pour que cela m'arrive ». Il est vrai que Dieu peut donner ce don de manière inattendue, à certaines rares personnes qui ne l'ont pas demandé, mais normalement ceux qui le reçoivent sont ceux qui n'ont pas cessé de le demander.

Nous devrions demander au Saint-Esprit de nous donner ce don et nous devrions le recevoir par la foi. La foi ne consiste pas à nous persuader nous-mêmes sur la vérité des langues. La foi, c'est laisser la vérité des langues nous persuader.

Ce que je vais suggérer maintenant pourra apparaître un peu mécanique, mais il faut commencer quelque part. Le Saint-Esprit fait sa part et nous faisons notre part dans la prière en langues. Actes 2:4 dit: « ils commencèrent à parler en d'autres langues, comme l'Esprit leur donnait de s'exprimer. » Le Saint-Esprit n'inclut pas de lèvres ni de poumons dans ce qu'il apporte à la livraison. Cela relève de notre responsabilité. Nous devons arrêter de parler dans notre langue maternelle, car personne ne peut parler deux langues en même temps. Ensuite nous devons prendre une grande respiration et faire confiance au Seigneur, puis former nos lèvres pour produire un mot.

La prière efficace

Nous commençons alors à prononcer ce mot, faisant confiance au Saint-Esprit pour qu'il donne les mots suivants. Certaines personnes commencent immédiatement avec un langage complet. D'autres restent à un niveau élémentaire pendant quelques semaines, beaucoup agonisent pendant des mois, avec persistance, demandant, cherchant et frappant, avant de parler en langues. La patience, la persévérance et l'obéissance sont les clefs de la foi et de la maturité.

Dès que nous recevons ce don, le doute commence à nous attaquer. Le malin sème la défiance dans une tentative désespérée de réduire au silence les prières qui coulent de nos lèvres.

L'ennemi remporte un grand succès avec deux mensonges. Le premier mensonge c'est: « Tu inventes ce que tu dis! » Tous ceux qui ont prié en langues ont entendu ce mensonge, mais très peu de personnes ont la capacité de créer une nouvelle langue. Le don des langues est pour la plupart des gens leur première expérience où ils entendent Dieu parler à travers eux. Et le résultat est toujours plus naturel et commun que ce qu'ils s'attendaient à vivre.

Le second doute insinuera: « Ce n'est pas une langue, c'est du charabia. » Tout le monde a souffert l'agonie résultant de ce mensonge. La vérité c'est que la plupart des langues étrangères donnent l'impression de charabia à ceux qui ne les comprennent pas!

Le meilleur conseil est de chercher l'encouragement d'un leader qui parle en langues. Il (ou elle) vous guidera, des premiers sons hésitants à une maturité complète dans votre langage de prière reçu de Dieu.

Chapitre Dix

Vers une prière efficace

La prière est la mesure de notre état spirituel. Lorsque nous n'avons ni désir ni passion pour la prière, c'est que quelque chose ne va pas dans notre vie spirituelle. Tout croyant a la responsabilité de cultiver un style de vie de prière qui fasse partie intégrante du développement de sa relation avec Dieu.

La prière n'est pas un fardeau lorsqu'elle découle d'une relation avec Dieu. Un désir de prier ne peut venir que de la passion pour Jésus que le Saint-Esprit inspire en nous. C'est seulement quand nous prions avec l'aide du Saint-Esprit que nous pouvons vraiment apprendre à prier efficacement, dans tous les domaines de la prière que nous avons examinés dans ce livre.

Qu'est-ce que la prière efficace?
Jacques 5:13–18 est un passage important au sujet de la prière efficace. Il nous est dit que nos prières peuvent avoir autant d'impact que celles d'Elie.

Nous pouvons tous devenir aussi efficaces qu'Elie dans la prière, si nous apprenons à agir avec le Saint-Esprit. Toutefois nous avons besoin de ne plus regarder à nous-mêmes, ni aux autres, mais de regarder à Dieu seul.

Elie n'était pas différent de nous. Mais beaucoup d'entre nous ont mis les intercesseurs (guerriers de la prière) sur un piédestal. Nous réservons les exploits et les demandes de prières à un groupe « spécial » de chrétiens et nous passons ainsi à côté du fait que la prière est pour tous les croyants. Il est vital que nous comprenions que la prière efficace ne dépend pas de nos capacités ni de notre expertise mais de la puissance de Dieu derrière nos prières. N'oubliez jamais que

La prière efficace

la prière ne change rien. C'est Dieu qui change tout par la prière.

Dieu lève des intercesseurs qui répondront à un appel, celui de faire de la prière leur style de vie. Par nos prières, Dieu peut changer la destinée de nations et ouvrir ou fermer les cieux, selon sa Parole. Ezéchiel 22:30 montre qu'il suffit de la prière d'un homme ou d'une femme pour retourner complètement une situation.

Jacques 5:16 est un verset important, mais presque chaque version de la Bible en donne une traduction différente. Il contient quatre mots grecs importants. Trois d'entre eux sont sans ambiguïté, le quatrième est plus difficile à traduire.

Il est clair que:

- ◆ La personne qui prie est *dikaios*, juste, droite, sans préjugés ni partialité
- ◆ La prière est *deesis*, c'est-à-dire suppliante, plaidante, implorante, venant d'un besoin ou d'un désir profondément ressentis
- ◆ La prière est décrite comme *ischuo*, forte, carrée, dominant l'ennemi, capable de produire des résultats.

Ensuite il y a le quatrième mot, *energeo*. Il signifie « faire sortir la puissance », « opérer efficacement en », « travailler en ». La difficulté vient du fait qu'il n'est pas évident de savoir si Jacques veut dire une, plusieurs ou toutes les choses suivantes:

- ◆ La personne prie énergiquement parce que Dieu est à l'œuvre en elle
- ◆ Par les prières de cette personne, Dieu travaille énergiquement dans le besoin pour lequel la prière est offerte
- ◆ Par les prières de cette personne, Dieu est énergiquement à l'œuvre dans cette personne
- ◆ Dieu travaille sur les prières de cette personne pour les rendre énergiques.

Vers une prière efficace

Traduit le plus simplement, ce verset peut signifier littéralement: « la supplication d'une personne juste est forte dans son travail intérieur ». Nous pouvons développer en disant: « la prière qui supplie, faite par une personne juste, provenant d'un besoin ressenti, de par l'opération de Dieu a une grande puissance pour vaincre l'ennemi, produire des résultats et accomplir en eux l'œuvre de Dieu. »

Il est difficile de résister à la conclusion selon laquelle Jacques 5:16 laisse entendre que par ses prières, un effet est produit dans la personne qui prie, effet qui l'amène à s'aligner avec la volonté de Dieu, comme dans le cas d'Elie.

Ce verset important contient quatre principes de la prière efficace:

Un besoin ressenti
Il y a deux mots grecs principaux utilisés pour la prière. *Proseuche*, qui signifie demander en dépendant de Dieu pour sa provision, et *deesis* qui signifie demander à partir d'un profond sentiment de besoin à l'intérieur de nous.

Proseuche est le mot le plus commun utilisé pour la prière dans le Nouveau Testament et il souligne la raison pour laquelle nous prions, à savoir que nous sommes dépendants de Dieu et que dans la prière, c'est à lui que nous regardons.

Toutefois, dans Jacques 5:16, le mot utilisé est *deesis*. Le terme choisi ici souligne le besoin qui nous pousse à prier. En utilisant ce mot plutôt qu'un autre, le Saint-Esprit révèle le principe important selon lequel la prière efficace monte en nous à partir d'un profond sentiment de besoin.

La prière efficace ne consiste pas à prier à partir d'une longue liste de requêtes, mais à prier pour les quelques besoins placés par Dieu et par son Esprit tout au fond de nous.

Nous savons tous comment prier quand nous en avons besoin! Une femme dont l'enfant est impliqué dans un grave accident n'a pas besoin d'être forcée à prier, ni d'un enseignement sur la prière, elle priera de tout son être. Elle s'identifiera totalement avec le besoin de son enfant.

La prière efficace

Si nous le lui permettons, le Saint-Esprit peut nous aider à ressentir les besoins d'une autre personne de manière aussi personnelle et forte que s'il s'agissait de notre propre besoin. Dieu s'identifie profondément aux besoins des personnes, et il cherche des croyants qui sont prêts à ressentir les mêmes choses que lui.

Une personne juste
Proverbes 15 :29 enseigne que la justice est un principe vital de la prière car nous ne pouvons pas, à la fois vivre de manière « défectueuse » et prier de manière « efficace ». La prière jaillit du cœur du juste mais le Psaume 66:18 et Esaïe 59:1–2 montrent que le péché se met en travers de nos prières.

Toutefois nous ne devons pas nous sentir condamnés ou avoir l'impression que nous devons attendre d'avoir atteint la perfection avant de pouvoir prier efficacement. Dieu n'exige pas une impeccable perfection mais des cœurs qui ne s'accrochent pas au péché, ne le chérissent pas.

Nous devons réduire au silence l'ennemi qui dit que nous ne sommes pas dignes de prier, en lui rappelant, et en nous rappelant par la même occasion, que le sang de Jésus nous a purifiés de tout péché. Jésus est notre justice et c'est par sa grâce et son pardon, non par nos performances, que nous nous adressons à Dieu dans la prière.

L'œuvre de Dieu
Bien que nous soyons sauvés par l'œuvre de Dieu uniquement, et qu'il n'y ait rien que nous puissions faire pour nous sauver nous-mêmes, une fois sauvés, nous travaillons à notre salut en partenariat avec Dieu. Ce partenariat fonctionne dans la prière.

Certaines personnes sont conscientes de la puissance de Dieu, sa connaissance, son amour et sa sagesse et pensent qu'avec tout cela, nous n'avons plus besoin de prier. D'autres voient l'importance donnée à la prière dans les Ecritures et s'en tiennent à penser que leurs prières peuvent changer le monde.

Vers une prière efficace

Ces deux groupes de gens sont induits en erreur autant l'un que l'autre, car Dieu a choisi d'œuvrer par la prière.

La prière est faite pour être mise en action. Il ne suffit pas de croire à la prière en tant que principe ou théorie. Nous devons vraiment prier. Or, la prière est l'opération efficace de Dieu lui-même. Lorsque nous prions, nous sommes saisis par l'activité du Saint-Esprit.

Il y a deux mots grecs principaux pour décrire la puissance de Dieu à l'œuvre, *dunamis*, qui signifie « pouvoir inhérent » ou « puissance potentielle » et *energeia* qui signifie « puissance active en opération ».

Dunamis est une puissance qui n'est encore pas libérée. Comme pour de la dynamite, une fois le détonateur allumé, la puissance latente est activée et devient de l'*energeia*, une puissance en opération. La prière est l'opération effective de Dieu. C'est son énergie à l'œuvre. Nos prières ne pourront jamais être puissantes mais c'est plutôt le Dieu Tout-Puissant qui agira par nos prières. C'est pour cela qu'il vaut mieux parler de prière efficace que de prière puissante.

C'est aussi ce qui explique pourquoi le diable a une telle haine pour la prière et fait de tels efforts pour l'empêcher d'avoir lieu. Lorsque nous prions, nous libérons le Dieu omnipotent pour qu'il puisse agir dans la situation et en nous.

La prière efficace c'est la puissance de Dieu en action. Nous ne pouvons expérimenter sa puissance que par la prière et quand nous prions. Aussi puissant Dieu puisse-t-il être, si nous ne prions pas, sa puissance n'est pas libérée.

Une prière efficace est d'une part le résultat de l'œuvre de Dieu, et, d'autre part, elle a pour résultat l'œuvre de Dieu. La vraie prière est toujours « dans l'Esprit », elle vient de l'opération de Dieu. Ce n'est pas que Dieu soit simplement prêt à agir ou qu'il attende que nous priions pour agir, mais il est en fait à l'œuvre pour nous pousser à prier, à l'œuvre dans nos prières et à l'œuvre en nous par nos prières.

En fin de compte, ce saint partenariat entre Dieu et l'homme est un mystère, mais il est la clef de la prière efficace.

La prière efficace

Capable de résultats

Jacques 5:16 nous montre que la vraie prière produit le changement, elle fait la différence. Le fait même que Dieu agit fortement par les prières de son peuple devrait nous motiver dans nos prières.

Le mot grec *ischuo* est utilisé pour décrire une santé robuste, le fait de vaincre ses ennemis, une force effective, une grand force, l'obtention de résultats et c…

La prière n'est pas juste une conversation avec Dieu, c'est aussi une confrontation avec Dieu contre un ennemi. La prière a des conséquences. Dieu obtient des résultats par les prières de croyants justes. Quand nous prions, nous voyons Dieu à l'œuvre fortement, apportant la santé, la victoire sur les ennemis et le changement du cours d'événements.

La prière qui n'est pas exaucée

Certaines personnes sont troublées par ce qu'elles appellent « les prières qui ne reçoivent pas de réponse ». Elles pensent que Dieu entend leur requête et ne donne pas de réponse. Toutefois, s'il peut y avoir des prières que Dieu n'entend pas, il me semble que toutes les prières qu'il entend reçoivent une réponse. Mais celle-ci ne correspond peut-être pas toujours à ce que nous voulions!

Esaïe 59:1–2 montre que Dieu n'entend pas toujours les prières de ceux qui sont séparés de lui par le péché. Parfois, Dieu écoutera dans sa grâce la prière d'un pécheur, comme dans Luc 18:9–14, mais il n'y pas de promesse de l'Ecriture selon laquelle Dieu entend et répond à la prière d'une personne qui n'est pas « en Christ ».

1 Jean 3:21–22 laisse entendre que le péché chez un croyant l'empêchera de s'approcher de Dieu avec confiance. Et Jacques 4:2–3 montre qu'il est important d'avoir des motivations justes dans la prière.

L'histoire de « l'écharde de Paul » dans 2 Corinthiens 12:7–10 est significative. Par trois fois, Paul a prié pour que cette écharde lui soit ôtée et Dieu ne la lui a pas enlevée. Mais la

Vers une prière efficace

prière de Paul n'est pas restée sans réponse. 2 Corinthiens 12:9 montre clairement que Dieu a parlé à Paul. La réponse de Dieu était un rappel de sa grâce toute suffisante. Dieu nous aime et sait ce qui est le meilleur pour nous, ce qui signifie que sa réponse sera souvent différente que ce que nous avions demandé. Mais ce sera tout de même une réponse.

Les merveilleuses promesses de 1 Jean 5:14 et Jean 15:7 ont été mal comprises par ceux qui considèrent la prière comme une sorte de machine à sous spirituelle. Nous devons réaliser que ces promesses sont conditionnelles. Elles sont adressées à ceux qui demeurent en Christ et qui font des requêtes selon la volonté de Dieu.

Bien sûr, cela ne signifie pas que nous devons ajouter un «si c'est ta volonté» à la fin de chaque prière. Luc 22:39–45 fait le récit du moment de la tentation suprême dans la vie de Jésus. La question était de savoir quelle volonté allait être établie, celle du Fils ou celle du Père?

La première moitié du verset 42 indique que Jésus, confronté à la coupe de la colère de Dieu contre l'humanité (à laquelle il s'était totalement identifié lui-même), désirait fortement ne pas avoir à endurer la croix. A ce moment là, Jésus était tenté par le désir humain du pardon sans la croix et de la grâce sans le juste jugement.

La prière mentionnée dans la seconde partie du verset 42 est sûrement le point culminant de toute la Bible, peut être le moment le plus important de l'histoire. Dans son humanité, Jésus était tenté de chercher une réponse en dehors du plan de Dieu. Mais il a résisté à la tentation et s'est soumis à la volonté de Dieu: « Toutefois, que ma volonté ne se fasse pas, mais la tienne. »

Jamais quelqu'un d'entre nous n'aura à faire face à une lutte dans la prière comme celle de Gethsémané, mais nous sommes tous appelés à nous soumettre à la volonté du Père, et nous le faisons dans la prière. Cette soumission peut éventuellement signifier que « notre volonté » ne se fera pas.

La prière efficace

Mais n'allons jamais insinuer que nos prières n'ont pas reçu de réponse.

Six étapes pour une prière efficace

Nous savons que la prière découle de notre relation avec Dieu. C'est la raison pour laquelle il est impossible de réduire la prière à une liste de règles ou à une formule. Mais nous pouvons tirer quelques principes de base qui nous aideront à développer notre relation de prière avec Dieu. Rappelez-vous qu'il s'agit de jalons et non de règles.

Dieu veut que nous demandions

Jacques 4:2 et Jean 16:24 nous montrent l'importance de demander à Dieu. C'est la prière de pétition ou la prière de supplication. Nous devons lui demander. Si souvent, nous essayons de tout imaginer à l'avance dans notre tête et de nous appuyer sur nos capacités humaines. Nous devons au contraire demander à notre Père céleste.

Certaines personnes sont lentes à demander à Dieu, parce qu'elles ont une fausse image de Dieu. Elles le voient comme un personnage réticent et plutôt distant. Comme cela est faux! Il désire nous donner de bonnes choses et nous exhorte à lui demander.

Une des idées les plus tristes que certaines personnes ont sur le vrai christianisme consiste à croire que Dieu n'est pas amical ou qu'il n'est pas disposé favorablement envers nous. La vérité, c'est que nous pouvons nous approcher de Jésus directement. Il intercède pour nous et nous représente avec amour devant notre Père céleste.

Imaginez toutes les choses que Dieu est prêt à nous donner et pensez à ce qui pourrait se passer si seulement nous les lui demandions. Où serions-nous aujourd'hui, qui serions-nous, que nous serions devenus? Si nous découvrions nos enfants en train de nous voler cinquante centimes, nous serions peinés, parce que nous saurions qu'il leur aurait suffi de demander et nous leur aurions donné. N'est-ce pas d'autant

Vers une prière efficace

plus vrai en ce qui concerne notre relation avec notre Père céleste?

Demander avec audace

Nous avons vu que Luc 11:1-13 contient toute une richesse d'enseignement sur la prière. L'homme qui réveille son voisin à minuit pour lui emprunter des pains le fait parce qu'il est audacieux. Cet aspect est souligné dans Hébreux 4:16.

Le mot grec *anaideia* dans Luc 11:8 est traduit par « audace » ou « persistance » mais il signifie littéralement « sans gêne », « courage », « cran ».

Nous avons besoin du courage et de la détermination de penser: « J'ai besoin de cet approvisionnement et je ne me laisserai décourager par personne tant que je ne l'aurai pas obtenu. »

Nous avons besoin d'une sainte audace, basée sur la force de notre relation avec Dieu, la connaissance confiante de sa volonté et l'assurance que nous sommes bienvenus dans sa présence, pour avoir le cran de lui demander avec courage...

Nous avons besoin de cette audace pour demander à Dieu de grandes choses comme dans le Psaume 2:8. Nous ne devrions pas être intimidés ou retenus par les insinuations de l'ennemi sur le nombre de fois que nous nous approchons du trône de Dieu et sur ce que nous lui demandons lorsque nous sommes devant son trône.

Demander selon sa volonté

Lorsque nous prions, nous ne devrions pas exprimer nos droits ou nos points de vue. Nous avons besoin de découvrir la volonté de Dieu et de la prier pour qu'elle soit mise en opération. Si nous ne prions pas la volonté de Dieu dans une situation, nous prions notre propre volonté. Jacques 4:3 montre que c'est la raison pour laquelle beaucoup de prières semblent ne pas trouver de réponse.

La prière efficace

Prier selon la volonté de Dieu ne concerne pas seulement les requêtes mais aussi les motivations. Nous pouvons demander les bonnes choses pour de mauvais motifs.

La prière ne consiste pas à persuader Dieu de faire notre volonté mais à nous assurer que nous nous conformons à sa volonté. Cela n'a rien à voir avec le fait d'étiqueter la fin d'une longue liste de requêtes égoïstes par un: « si c'est ta volonté, Seigneur. »

Certaines personnes enseignent que nous devrions nous attendre à recevoir la réponse « oui », « non » ou « attend » à nos prières. Ce type d'enseignement est probablement né de la difficulté à identifier la volonté de Dieu dans une situation donnée. Mais la raison pour laquelle nous ne connaissons pas la volonté de Dieu est souvent et simplement notre paresse.

Le texte de 1 Jean 5:14–15 nous montre que la réponse de Dieu est toujours « oui! » aux requêtes qui sont faites selon sa volonté, et cela devrait être l'ambition de toutes nos prières. Nous devrions poursuivre le but de connaître Dieu et sa volonté tellement bien, que lorsque nous demandons quelque chose, nous soyons toujours assurés d'une réponse positive.

Prier au nom de Jésus n'est pas une formule magique mais une reconnaissance du fait que notre autorité dans la prière est exercée en accord avec la volonté du Père. Et Jean 14:13–14 montre ce qui arrive lorsque nous prions comme cela ! Lorsque nous prions avec l'autorité de Jésus, c'est comme si Jésus lui-même était en train de prier.

Romains 8:26–27 nous enseigne que le Saint-Esprit intercède pour nous selon la volonté de Dieu. Si nous ne connaissons pas la volonté de Dieu dans une situation, nous pouvons prier en langue et le Saint-Esprit priera sa volonté par nous.

Demander dans la foi
Jacques 5:15 définit la prière de la foi. Une prière de foi accomplit plus de choses que plusieurs années de prière sans

Vers une prière efficace

la foi. Malheureusement notre foi est généralement plutôt pauvre.

Nous ne pouvons pas nous attendre à recevoir, à moins que nous croyions. Jésus nous enseigne dans Marc 11:24 à croire que nous avons reçu quand nous prions. C'est la prière de la foi. Jacques 1:6-8 nous aide à comprendre ce que cela signifie en pratique.

Il y a deux questions majeures concernant le fait de croire Dieu:

- ◆ Est-il capable?
- ◆ Est-il d'accord?

Dans Marc 9:14–29, la capacité de Jésus de faire un miracle est remise en question, parce que ses disciples avaient été incapables de guérir un jeune garçon avec un esprit muet. Mais il n'y a jamais de déficience dans la puissance de Dieu, la seule déficience est notre incrédulité.

Marc 1:40–45 se préoccupe de la volonté de Dieu de bénir. Beaucoup de gens qui luttent avec des blessures et des déceptions blâment Dieu en disant qu'il ne veut pas les bénir. Comme le lépreux, ils disent: « tu pourrais m'aider si tu le voulais… » Mais la réponse de Jésus dans Marc 1:41 règle cette question définitivement.

C'est notre défi aujourd'hui. Nous devons le croire et, par nos prières de foi, démontrer qu'il est à la fois d'accord et capable de répondre au moment où le besoin se fait sentir.

Demander avec persistance

Nous avons vu qu'il y a différents types de prière, et chacun fonctionne selon ses propres principes. La prière de persévérance en est un exemple manifeste. Contrairement à la prière de la foi, cette prière est offerte de manière répétitive jusqu'à l'expérience de la percée.

Il est d'une importance vitale, comme dans la parabole de Luc 18:1–8 de ne pas abandonner lorsque nos prières semblent ne pas trouver de réponse. Nous devons insister, car le Juge qui est bon et favorable répondra sûrement en faveur de notre cause.

Dans Apocalypse 5:8 et 8:4, les prières des saints s'élèvent comme de l'encens devant Dieu. Ceci est un encouragement à continuer de prier, car notre prière est peut être la dernière prière requise avant que les coupes soient pleines et que la promesse d'Osée 10:12 soit obtenue.

Prier de manière variée
Dans tout ce livre, nous avons vu des aspects nombreux et divers de la prière et de bien différentes manières de prier. Ce n'est pas une activité uniforme ou monotone. Dans notre lecture régulière de la Bible, nous ferions bien de regarder les divers exemples de prière que nous avons examinés. Nous devons nous assurer que notre vie de prière reflète une palette de prière similaire à celle de la Bible.

Nous devons veiller à ne pas laisser dans l'oubli les prières fortes ou silencieuses, l'intercession ou la reconnaissance, le combat spirituel ou la louange, la confession ou la requête, les langues ou la supplication.

Il est si facile de s'enliser dans une routine de prière, en utilisant toujours les mêmes mots et le même style. Nous avons besoin d'élargir nos prières et de devenir plus créatifs dans notre vie de prière. Qui sait ce que Dieu fera par nos prières!

www.ingramcontent.com/pod-product-compliance
Lightning Source LLC
Chambersburg PA
CBHW031116080526
44587CB00011B/996